Y CAETH YN RHYDD

© 2025 Jim Parc Nest / Cyhoeddiadau Barddas ©

Argraffiad cyntaf: 2025

ISBN: 978-1-911584-95-7

Cedwir pob hawl. Ni chaniateir atgynhyrchu unrhyw ran o'r cyhoeddiad hwn na'i gadw mewn cyfundrefn adferadwy na'i drosglwyddo mewn unrhyw ddull na thrwy unrhyw gyfrwng electronig, tâp magnetig, mecanyddol, ffotocopïo, recordio, nac fel arall, heb ganiatâd ymlaen llaw gan y cyhoeddwr.

Cyhoeddwyd gyda chymorth ariannol Cyngor Llyfrau Cymru.

Cyhoeddwyd gan Gyhoeddiadau Barddas.

www.barddas.cymru

Dylunio a chysodi: Adran Ddylunio Cyngor Llyfrau Cymru
Dyluniad yr allwedd-garu ar y clawr: Dyddgu Gwenllïan

Argraffwyd gan Y Lolfa, Tal-y-bont.

Cyhoeddiadau
barddas

Y CAETH YN RHYDD

JIM PARC NEST

i Rhys Dafis, fy Athro Cerdd Dafod,
ac er cof am Jon Dressel (1934–2024),
cyd-awdur ein *Cerddi Ianws*

Cynnwys

	tudalen
Rhagair	1
Mae'r ddraig yma o hyd	5
Tro ar fyd	6
Y golau arall	7
Yr Ynys Wen	8
I gyfarch Mam	9
Pen blwydd y brawd canol, John Gwilym	10
Pen blwydd Aled, y brawd bach	11
Er cof am Mari Luned	12
I Meilyr Llwyd yn 40 oed	13
Mei	14
Pen blwydd Megan Ilir yn 80	15
Gwilym Tudur yn 80	16
Er cof am Gwilym Tudur	16
Ar gyhoeddi *Am yn ail*, cyfrol Dylan a John Gwilym	16
I gyfarch Gwenda Francis yn 80 oed	17
Y darn tir yn y Bae, lle'r arferai f'wyrion chwarae	17
Melfed	17
Er cof am Dewi Pws, y crwt o Dreboeth	18
'Dal dy dir'	18
Yn angladd Sbardun	18
Adwy	19

Mor hoff ydym o'r ffoadur	20
Cof y dail	31
Cariad milwr	32
Siôn Eirian	34
Clustiau byddar	36
Angen adfer hen arfer Barddas	46
'Pwy ddwli nawr sydd ar y crwt?'	47
Culhwch a'i Olwen	57
Y wal goch	59
Grav, ceidwad y cledd	60
Er cof am y ddau annwyl, Wyn a Richard	60
Er cof am Margaret Harries (Mags), Telynores Llwchwr	61
I gofio Aled Lloyd Davies	61
I gyfarch Nest Jenkins ar ennill Gwobr Goffa Llwyd o'r Bryn	61
Cofe, T. Llew	62
William Morgan yng Nghadeirlan Llandaf	64
Dydd Owain Glyndŵr yng Nghadeirlan Llandaf	65
Drannoeth Dydd Owain Glyndŵr yng Nghadeirlan Llandaf	66
Gorwelion	67
Er cof am Geraint Jenkins	77
Diolch i Gwenan am gadair 'Gorwelion'	78
Cadair Osian	79
Perl	80

Hwiangerdd mam yn Gaza	81
Mae môr rhy hyglyw yng Nghwm yr Eglwys	82
Y Brit, y Brexit a'r Brawl	82
Cyd-weddi â'r eithafwyr	82
Byw mewn gobaith	83
Ymgeledd gweddi	83
Y wawr	84
Glan-rhyd	85
Ffwrn Oer	86
I Ynyr Williams ar ei ymddeoliad	88
Waldo, y bardd-arddwr	89
Cywydd i Arwyn	91
Llongyfarchion i'r Athro Sioned Davies ar gyrraedd oed yr addewid	92
Er cof am Arthur Gwynn	92
Er cof am Robert Price	92
Elin ap Hywel	93
Cam ceiliog	93
Calan 2021	93
Pwyso a mesur	94
Pobol y Cwm yn 50 oed	94
Ymorchestion y Donald	94
Awst y tenor	95

Ynys	95
Gofid 2020	95
Paham mae dicter ...?	96
Galar	97
Er cof am April Wiggins	97
Hybu anobaith	98
Y gwir yn erbyn y gwarth	98
Cain a'i Oligarciaid	98
Mamau'r Nadolig	99
Anrheg o fyw	102
Yr amod	103
Diolchiadau	107
Cydnabyddiaethau	108

Rhagair

Yn Eisteddfod Caerfyrddin, 1819, cytunwyd na orfodid i feirdd y Gadair gael eu cyfyngu i bedwar mesur ar hugain Dafydd ab Edmwnd (1451), ac fe gyfeiriwyd, yn ysbeidiol, mewn eisteddfodau eraill, at bedwar mesur ar hugain Einion Offeiriad. Ar sail y datganiad hwn y cyfreithlonwyd gwobrwyo awdl Cynan ar fesur y Tri Thrawiad, yn 1924. Yna, yn 1926, fe'i dilynwyd gan 'Y Mynach', Gwenallt, awdl a gynhwysai fesur newydd y tu hwnt i'r pedwar mesur ar hugain. Wedyn, yn 1935, canodd Gwyndaf, ar y wers rydd gynganeddol, ei awdl 'Magdalen'. Yn dilyn hyn, yn 1970, cadeiriwyd awdl 'Y Twrch Trwyth', Tomi Evans, hithau, hefyd, drwy gyfrwng y wers rydd.

Cytunaf yn llwyr â sylwadau Gwyndaf, un o feirniaid cystadleuaeth y Gadair yn 1970: 'Llongyfarchwn Bwyllgor Llenyddiaeth Cyngor yr Eisteddfod Genedlaethol ar ei ddoethineb, wedi blynyddoedd o geidwadaeth, yn caniatáu mai cerdd mewn cynghanedd gyflawn yw awdl, heb gyfyngu'r beirdd i bedwar mesur ar hugain Einion Offeiriad na Dafydd ab Edmwnd, na mesur o fath yn y byd o ran hynny; dyna fel y dylai fod. Nid awgrymu yw hyn y dylid cefnu ar yr hen fesurau traddodiadol sy'n rhan annatod o'n hetifeddiaeth lenyddol, ond na ddylid cyfyngu beirdd yr awdl i batrymau'r gorffennol yn unig.'

Dan ddylanwad Iolo Morganwg y cytunwyd ar Ddatganiad Caerfyrddin yn 1819. Mae gan hanes, ambell waith, y ddawn ryfeddol i greu cymesuredd cyd-ddigwyddiadau. Union ddwy ganrif ar ôl Datganiad Caerfyrddin, yn Eisteddfod Sir Conwy 2019, yn Llanrwst, gwobrwywyd 'Gorwelion' sy'n awdl foliant i Iolo Morganwg yn y wers rydd gynganeddol ac eithrio hir-a-thoddeidiau'r clo. Byddai'r ddau fel ei gilydd, Gwyndaf a Iolo, wrth eu bodd â geiriad testun Cadair Llanrwst, gan na orfodid i'r cystadleuwyr gael eu cyfyngu i'r mesurau traddodiadol.

Er 1970, cymharol brin fu'r ymateb i'r syniad radical o ganu cerdd gynganeddol y tu hwnt i'r mesurau traddodiadol, oherwydd, mae'n debyg, i eiriad y testun wahardd hynny. Parchaf farn y rhai sydd o blaid diogelu'r hen fesurau ynghyd â gallu amryw o feirdd cyfoes i ganu'n wefreiddiol arnynt. Ond credaf, ar y llaw arall, y byddai ymateb cadarnhaol i ddatganiad Gwyndaf uchod yn creu cyfleoedd, yn bennaf, i ryddhau'r gynghanedd rhag bod yn grefft 'ei gorffennol yn unig', er gwyched unigrywiaeth honno. Ac rwy'n hyderus y byddai rhoi'r 'caeth yn rhydd' yn gyfle i ysgogi llawer rhagor o arbrofi cyffrous, yr ysgogiad sydd ei angen ar bob celfyddyd.

Mae'n anodd deall safbwynt y sawl na fyn gydnabod dilysrwydd y gynghanedd y tu hwnt i'r mesurau traddodiadol. Ai canlyniad diffyg hyder yng ngallu'r gynghanedd i ymgynnal y tu hwnt i'r mesurau yw hyn? Os felly, mae'n dishmoli nerth a gwerth y grefft. Amlygwyd agwedd negyddol hefyd gan y sawl a ddewisodd wahardd y gynghanedd o gerddi'r Goron genedlaethol, oni bai ei bod hi'n 'ddamweiniol'. Gweler trafodaeth bellach ar y pwnc yn y gerdd 'Yr Amod' (t.103).

Felly, a bod testun y Gadair yn gofyn am waith cynganeddol o fewn y mesurau traddodiadol yn unig, a thestun y Goron yn gofyn am waith sydd, i bob pwrpas, yn gwahardd defnyddio'r gynghanedd, yna fe rwystrir beirdd sy'n dymuno canu yn y wers rydd gynganeddol rhag cystadlu naill ai am y Gadair neu'r Goron. Pwy ŵyr na fu i'r alltudiaeth hon rwystro amryw rhag bod yn Brifardd ein Prifwyl?

Hyderaf y canfyddir yn y gyfrol hon feysydd y tu hwnt i eiriad testun y Gadair a'r Goron genedlaethol. Ysgogwyd y teitl 'Y Caeth yn Rhydd' gan y frwydr oesol i ryddhau'r caethiwus o orthrwm, ble bynnag y'i canfyddir. Fe'i hysbrydolwyd gan y bardd a haeddodd ei enwi yn Fardd Rhyddid, Iolo Morganwg, a mawrygaf y fraint o gael cyfle i ganu ei glod yn 'Gorwelion'.

Bu colledion teuluol a chymdeithasol yn orthrwm y mae'n rhaid i bawb yn ddiwahân ei dderbyn, ond fe'i lleddfir, diolch i'r drefen, gan y fraint o gael adnabod perthnasau a chyfeillion mor annwyl. Yn ogystal, rhwng cloriau'r gyfrol hon, cydnabyddir colli mawrion cenedl ynghyd â'r anrhydedd o foli eu cyfraniadau gwerthfawr a fu mor allweddol i ddyfodol ein cenedl.

Ar y llaw arall, ceir gorthrwm y mae'n ddyletswydd arnom ei wrthwynebu i'r eithaf; gorthrwm y mae modd inni gael rhyddid rhagddo, os oes gennym yr egni i ewyllysio hynny. Yn rhy aml fe'n llethir yn ddidrugaredd gan y gorthrwm …

> yn rhwyd undeb Prydeindod y daliwyd dwywlad
> yn un paith uniaith, a'i lysenwi'n
> *Englandandwales*,
> a hi'r *wales* ar ddiflannu, bron,
> yn silcyn dinod i'r gwaelodion.

Ond dengys ysbryd dewr a diflino cewri fel Iolo Morganwg fod modd inni ymryddhau o'r gorthrwm. Prif ysgogiad y cerddi hyn yw'r gobaith yr enillir rhyddid cenedl y Cymry yn ddi-drais. Byddai hyn yn esiampl aruthrol i fyd sy'n dioddef erchylltra torcalonnus rhyfeloedd.

Ac fe ddengys ysbryd gwyrthiol o styfnig Iolo nad gobaith amhosib mo hyn:

> Fe ŵyr y bardd gyfarwydd
> sut i ddatruso sagâu'r amhosib,
> nes dweud ei wir yng ngwres ei stori,
> a chreu'r rhaid wedyn i'w chredu.

Mae'r ddraig yma o hyd

Ar y wal, mae ein draig heddiw'n cyhwfan ei baner
hwyliog o awelon.

Ddoe, a hi'n ddydd distaw, glawog, hongian yn egwan
oedd ei rhawd, yn ddi-rym yn ôl pob golwg, ac mor isel,
fel petai'n gaeth i'r union falen a letha fy nghenedl, dro,
pan fo'i hyder ar drai.

Heddiw, fy anian leddf a leddfwyd gan un crwtyn craff,
'Mam! 'Drych! Ma' draig yma-o-hyd lan ar y wal!'

Nawr roedd sylw'r crwtyn yn un o sylwedd.
Er gwaetha'r brygawthwyr o bob math a phob man yn y byd,
mae bod 'yma-o-hyd' yn rhan, o raid, o saga ein draig;
hon erioed yw'r frodores,
tra'r wen yw'r estrones â'i rhwysg i oresgyn.

Wedi i'r frwydr oeri, fe rydd
ein cof am ei hamddiffyn cyfiawn
inni hunaniaeth.

Yn ddiamau, hon fydd yma o hyd
yn hirymaros beunos, beunydd.
Bydd hi yma tra byddwn, ein dau,
haf neu aea' yn byw a bod fan hyn, boed
fan hyn, leddf neu lon.

Tro ar fyd
Calan 2018

Cydbererindota oedd ein harfer,
a chydgyrraedd.
Nid felly erbyn hyn.
Trodd y fogfa'r rhipyn yn fwrn
a manteisiaf ar orffwysfa mainc
i dy wylio'n cwblhau dy siwrne.

A thithau'n cyrraedd y copa,
fe oedi i godi dy law
a thaflu dy gusan o bell.

Ond dychmygaf y tro ar fyd –
tithau fel ar fainc,
a minnau ar y rhipyn olaf,
anorfod.

Pan ddaw'r tro hwnnw,
hyderaf y caf innau oedi
i godi fy llaw
a dy garu â chusan
o bell.

Y golau arall
*Cân serch – anrheg i Manon ar fy mhen blwydd
yn bedwar ugain a phump*

'Golau arall yw tywyllwch' – *'Ar Hyd y Nos', cân werin*

Pan yw'n taenu'i gysgod dros y bryn,
a mi, o raid, yn gorffwys ar fy nhaith,
mae'n anodd cau f'amrannau llesg yn dynn.
Eto, drannoeth, tyr yr haul dros fryn
gysoned â llanw'n dilyn trai ar draeth,
a'i wên yn addo y bydd heddiw'n wyn.

Neu, â'r golau arall yn tywyllu bryn,
gall hyd y nos droi'n wewyr ambell waith
a'm taflu'n hen ar gystudd gwely gwyn.
Ond pan ymlusga'n fwrllwch lawr y glyn,
prysura'r nos i glwyfo'r tir â chraith
chwimed â mellt yn rhuddo glesni bryn.

Pe caniateid i'r düwch barhau ynghyn
newidiai oriau'r dydd ar rod pob taith
yn un nos hir, heb weld 'run haul ar fryn.
Gymar, fy ngwir brydferthwch ar ein bryn,
rhanna dy olau â mi, at ben fy nhaith,
fel pan lifa'r golau arall lawr y glyn
fe ymfodlonaf gau f'amrannau'n dynn.

Yr Ynys Wen

Rhaid ei bod hi'n hindda yn y Rhondda
pan rowd i ffarm yr Ynys Wen ei henw
uniaith, gan lais tafodiaith ganoloesol;
a heibio i'w dôl deg, rhaid mai'r hyder
y dôi'n haf o hyd a redai yn ei hafon.
Ond niwed y newid ar orwel ni welwyd,
na'i ddüwch dan ddaear, cyn trefnu'n
sydyn i'r Ynys Wen golli'i chof, ac i lofa
erydu'i hadnoddau, a'i Phrydeineiddio.

A hi'n ddydd o hindda ar hynt yr adfer
fu ar ei hiaith, saif ar iard ei hynys wen
yn pensynnu: cofia syndod yr hen fenyw
a wasgai'n feunyddiol at reilins yr ysgol,
am i'w hŵyr hi gael hawl i wilia Cwmrêg;
sylwi bod y rhibin prysg a ffiniai â phenyd
ei labelu'n *Welshy* nawr yn Sycamorwydd;
a phan glyw hi ganiad y gloch ymadael,
mae hyder y 'gweld ti fory!' yn gyfaredd.

Mae tystiolaeth bod 'Ynys Wen' yn enw ar ffarm yn
y Rhondda Fawr yn y Canol Oesoedd. Datblygodd pentref
Ynys-wen o gwmpas The Ynys-wen Colliery o 1869 ymlaen. Agorwyd
Ysgol Gymraeg Ynys-wen yn 1950. Ymhlith ei sylfaenwyr yr oedd
Mair a Kitchener Davies. Fis Medi, 2021, ymwelodd un o'u
tair merch, Manon Rhys, â'r ysgol, adeg y gloch ymadael.

I gyfarch Mam
a roddodd i mi famiaith, er gwaethaf
sen rhai Saeson at y Gymraeg

Mor ddistaw, Mam, rhoddaist i mi Gymraeg
    ymarhous, er gweiddi
  erioed fwstrad o feistri
  eu sen mai twpsen oet ti.

Pen blwydd y brawd canol, John Gwilym

Hyfryd yw cynnull parti i frawd canol
am iddo honni'n ei ddull hamddenol,
oherwydd ei anian anhunanol,
mai iawn iddo fe, cyn ei ymddeol
o daenu'i neges â'i wên Gristnogol,
fu'i heneiddio'n feunyddiol heb flysio
atgofio'i heneiddio yn flynyddol.

Ond wele hynod yw hi eleni;
cymhellwyd John, hyd yn oed, i oedi,
iddo glywed a styried ei stori
am herio'i henaint â hwyl mor heini.
Onid oedd e'n fargen i'w rieni?
Ganwyd i Gwyn a Gwenni fab canol
yn olau gwahanol i Ŵyl y Geni.

Pen blwydd Aled, y brawd bach
20 Awst, 2020

Wel Aled, er caleted ei gredu, o'r diwedd,
heddi, fe gyrhaeddest adeg yr wythdege;
yr oedran tebyg i dymhore'r hydre o ffest
ym Mharc Nest, yn dilyn pob cynhaeaf haf,
neu drwy addef hydre'r aeddfedrwydd
ym melyn lluniau olew oriel John Elwyn ...
Drwy'r gaeafe drwg a gefest, fe ddest mor
ddewr, mor ddiddial; i ninne, dy wers fu
daioni dy wên. Mwynha liwie dy hydre, Aled.

Er cof am Mari Luned

Mae'r diddim o'i cholli mor chwith, ond er
    dihirwch ein tryblith,
  i'r plant âi Mari i'w plith,
  addfwynder oedd y fendith.

I Meilyr Llwyd yn 40 oed

Meilyr yw'n fflam o heulwen
a gawn ni ag egni'i wên
wresog, wrth roi o'i groeso
i'w le hud, gan agor clo
i fan ei gyfrifa fe,
at fyrdd bythwyrdd ei Bethe.

Daw ffaith ar ben ffaith heb ffws
yn doreth o gil storws
ei ddirnadeth a'u dethol
yn od o lew a di-lol.
Yn ei weithle efe fydd
yn gallach na'r llyfrgellydd!

Y brawd sy'n bybyr ei hwyl,
i'w rieni'n gâr annwyl,
ac Wncwl Mei i'w neiaint
sy'n ei chyfri hi yn fraint
i roi'i anrhegion i'r tri
yn dadol i'w maldodi.

Bu'n driw i Dafydd Iwan.
O lais y cawr, cas les cân
i lanw'r deugain mlynedd
hyn, o flasu nef y wledd.
I'w ffrindiau, mae'n nef hefyd –
y mae Mei yma o hyd.

Mei

Gan iddo lawrlwytho'i olud inni
    o'i wên fythol hyfryd,
   er rhoi arwr i'w weryd,
  y mae Mei yma o hyd.

Pen blwydd Megan Ilir yn 80

Dathlaf ein perthyn; unwaith rhoddid chwedl
    gerdd dy chwaer a'i rhyddiaith
  imi'n lles, y des ar daith
  hyfryd â chwaer yng nghyfraith;
  bu'n cyd-fynd yn fynd go faith!

Er i'ch galar am Mari eich herio
    chi'ch dwy'n chwerw leni,
  â hud tair wedi torri,
  nid yw ei mygydu hi'n
  edwino'ch cof amdani.

Am greu dy lun dy hunan ag afiaith
    heb gwafers, hen glebran
  di-glem, yn onest a glân,
  agored fel tegeirian,
  fe edmygaf di, Megan.

Er i gur lorio'i gurlaw hyd friw'r ardd,
    dy haf roist yn ddistaw,
  o ddifri ac yn ddifraw;
  dy roi oedd yn ddi-ben-draw,
  di'r Ilir o Drealaw.

Gwilym Tudur yn 80

Rhoes Gwilym wres i galon ei aelwyd
    a'i hil. Drwy'r holl droeon
  yn nwfn y lleddf neu'n y llon
  bu'i Bethe yn obeithion.

Er cof am Gwilym Tudur

'Sgwyddo treth caru'r Pethe, ac ymroi
    i'w Gymraeg gael hawlie;
  heb rodres ym mro'r brwydre,
  herio'r drin â'i ddewrder e.

Ar gyhoeddi *Am yn ail*, cyfrol Dylan a John Gwilym

Dwy awen, un dyhead, am yn ail,
    dau'n mwynhau creu casgliad
  yn iaith ddi-ail mab a thad
  diguro eu cydgariad.

I gyfarch Gwenda Francis yn 80 oed

Bod yn barod i bara yn rasol
    i'th dras, law neu hindda,
  drwy'r oriau deir a'r rhai da,
  yw dy geinder di, Gwenda.

Y darn tir yn y Bae,
lle'r arferai f'wyrion chwarae
Bygythiad Cyngor Llafur Dinas Caerdydd
yw gosod amgueddfa filwrol arno

I'n hwyrion, cornelyn hiraeth, ond nawr
    dan warth aflywodraeth,
  yn erw i filitariaeth,
  yn gae trist fel hen Gatraeth.

Melfed
Er cof am gath anwes Hopcyn a Martha

Mwynhaodd Melfed yr Eden a gâi'n
    ei gardd o dan goeden
  neu lwyn, a pharadwys glên
  hoff fywoliaeth ei phowlen.

Er cof am Dewi Pws, y crwt o Dreboeth

Dewi, mor drist, mor oer dy dre', – anian
    wahanol i tithe;
  ond nawr, cer di'n hwyl dy ne'
  â'n diolch am dy 'IE'.

'Dal dy dir'

Yn nannedd pob gwers Brydeinig o fawl
    i ryfela Seisnig,
  Dewi'r awen arbennig
  a ganai'n ddygn o ddi-ddig.

Yn angladd Sbardun

Ei alaw nid yw'n pylu – na'i hiwmor
    carlamus, na'i wenu,
  na chri'r gitâr, na'i garu
  tu hwnt i'r *cattle grid* du.

Adwy

Er cof am Alun 'Sbardun' Huws

Pan aed ag un o'n prifeirdd roc a rôl
drwyddi, heriai'r gân i'r *cattle grid* du
inni adael rhodres y dref ar ôl,
heb, efallai, ddychwel i'r man a fu
iddo'n Aberstalwm, yn gof o'i grud
ac yn gred ddigwestiwn y Suliau sgwâr
pan fodlonid ar gymesuredd clyd
rhwng sylwedd emyn a meddwdod gitâr.
Ond ni ddewisai fyw fel rhelyw'r dref
dan lesmair eu hollwybodolrwydd dall:
pan ysai am y gwir, ei ddewrder ef,
wrth ganu'i gwestiwn, oedd rhoi'r diawl i'r Fall.
Ac wedi'i ffusto, mynd drwy'r adwy'n lân
a gwyleidd-dra ei hoff gitâr ar dân.

Mor hoff ydym o'r ffoadur
Awdl er cof am Tony Bianchi

I rannu ei gyfrinach
âi trwy borth at aria Bach,
i ganu'n iach i hen gno
ei boen â su ei biano.

Â chywirdeb ei chordiau
cyflawn yn ddawn i'w foddhau,
dôi i'w foelyd o'i falen
a bennu'i boen yn ei ben.

Wedi dyddiau'r Gododdin
a chân orwych Aneirin,
o rawd i ffawd ciliodd ffin
y Gymraeg; o'i marw hi'n
ifanc yn ei chynefin
gyn belled â Chaeredin,
o air i air aed â'i rhin
a'i hyder, fel bu i Ladin
farw yng nghof y werin;
estroniaeth a aeth â hi'n
wast trafaelus trwy felin
o loes i dras Taliesin.

Yng ngholeg y chwedegau
lle pwysir y gwir a'r gau,
fe â rhai yn gryf ar ôl
y sôn am Dduw absennol,
neu dristwch gwacter ystyr,
â'r swae am wae ar y mur:
fory a wêl farw'r iaith.
Ei hen elyn ewn eilwaith
sy' am hawl i'w dismoli'n
iaith ddi-werth, i'w thewi hi,
a'i dwgyd dan daeogaeth
eto ar hewl i'w Chatraeth.

Rhwygo map Capel Celyn
yn sarn, gerbron cencdl syn.
Gwneud cwter i Dryweryn
ildio'i llwyth i waelod llyn.

Aber-fan, lle briwiau fyd,
â'r islif sy' mor ddryslyd
ym mhob cof, ddeil i ofyn:
O! Pwy ddiawl a fapiodd hyn?

Yna'r esgus-arwisgiad
a'i rwysg yn treblu sarhad,
yn trafod gwlad fel gwladfa
pan oedd Carlo'n marco'n map.

Ond, ryw fodd, mae'n dro ar fyd –
un arall sy'n ymyrryd
â'r hanes; mae'n eironig
iddo ddod heb rith o ddig
o'r Hen Ogledd; daeth heddiw
i wlad sarhad, Loegrwr triw.

Mae'r Geordie a'r Cardi'n cwrdd,
dau gyff yn rhyw led-gyffwrdd
ar fap Llambed. A wedyn,
â dull mor ddidaro'r dyn
(a'i helpodd drwy gwrs Wlpan)
myn gamu i mewn i Gwm-ann
fel wàg o sgwâr Tregaron
yn ling-di-long hyd y lôn.

Â'i acen Alltyblaca
ar ei wên, cais dorri'r iâ
mor ddiwyd; chwap o'r mudo,
fe'i rhydd ei hunan i'r fro'n
newyddian o ddyneiddiwr
hawddgar, cwestiyngar, di-stŵr.

Yn ddi-au, swmp gwreiddiau hwn
a dyf yn ei serch dwfwn
at Loegr. Eto, o'i ail iaith,
daw ymwybod am obaith
yn hen lên Northumberland,
a'i henglyn cyn bod England.

Ond nid o nef o gynefin y daw
o dir ei Ododdin.
Un ar ffo a groesai'r ffin.
Rhag ei dad mae'r ffoadur yn diengyd,
o dynged ddiystyr
dyn dwl yn estyn dolur
arno fe, pan yw'n dyrnu'i fam o hyd;
a'i gadael mewn bedlam
o ofn, heb hawl i ofyn pam.
Mae'n gofyn iddo'i hunan dro 'rôl tro
wrth fynd trwy ei burdan,
pam yr oedd yn wimp mor wan?
Ac er ffoi i Gymru, druan, ni ffy
rhag y ffaith anniddan –
efe'n ei feio'i hunan;
byw 'da'i ofn troi'n fab i'w dad ddydd a ddaw,
yn ddim ond epiliad
chwerw, garw, digariad.

*

Wrth ei dasgau yn nosbarth y dysgwyr
y mae'r hen Northyn yn ymroi'n wyrthiol
wrth wthio'n hafin at borth ei nefoedd.
Ond ar ei glyw daw myrdd o dreigliadau
yn un rhibyn, a'r rheiny'n rhai anodd
uffernol. Rhaid mynd ar hast i holi
hen bobol garedig Ceredigion
i glywed rhinwedd y treigliad trwynol.

Ac fe â'n arfog i fwynhau arfer
hulio iaith ei araith fel cyfarwydd
rhugl, a'i dreigliadau dirgeledig
ar flaen ei dafod. Ond yn anffodus,
sir orgaredig yw Ceredigion,
ers oesoedd sy' am orblesio'r Saeson.

O! Wedi'r dysgu, mor drist yw'r dysgwr
gan i'r Cardis neis newid i'r Seisneg
yn ddiddiwedd, er mwyn ei ryddhau-e
rhag ei ludo wrth gamdreigliadau.

Rhaid newid tacteg – a chreu strategaeth
i ffuantu'n sydyn nad Sais ydyw,
ond Eidalwr sy'n hanu o dylwyth
o Sorrento. Ac yno ganed
ei hen, hen nain. Ni chlywid gan honno
air o Seisneg un adeg; a wedyn
i fennu'r stori, yn fyr, bu farw.

Nawr y dasg i'r Eidalwr yw dysgu,
ar hast, ambell gymal o Eidaleg,
cyn jengyd ar garlam bant o Lambed
helbulus, hysbys i le anghysbell.

Â'n llwdwn eofn â'i ddafn Lladin-newydd
â'i wynt yn ei ddwrn ar draws sawl siwrne
o le i le i bentrefi lawer –
i Fetws Bledrws neu Blwmp,
Caeo, Tre-wen, Cwm-cou, Trap
a Llanwenog. Ac fel Pwyll yn Annwn
dan her dynwared anianau Arawn,
ein harwr, sy' nawr yn berson arall,
ddwed, â direidi, ei ddod o'r Eidal.
'Sono uno studente da Sorrento'
a honna'n ogleisiol. 'No Inglese.'

Wedi'r ymchwil, daw pen ar chwilio
yn Nebo – lle does neb yn ei nabod.
Ac yn ddisymwth, mae ganddo fwthyn
yn annedd fan'ny iddo fe'i hunan.

"O bared i bared roedd cegau berw
yn trin y stiwdent dda'th o Sorrento
heb air o Seisneg; bu'r boi ers wsnoth
yn sgwato yn Nebo, nes bo' pob un
yn od o drist ac yn teimlo drosto.

Ond wedi yfed echnos yn 'dafarn
a'th yr Italian at y piano.
A mowredd, be' weda'i, sôn am whare!
Yr ias wrth iddo ddod mas â'r miwsig,
yn newid fel'na o ofid i afieth;
y piano fel'se fe'n llawn ofon
sifil am funud; naws fel Myfanwy
yn distewi sgwrs yfwrs y dafarn;
a mowredd, o'dd awgrym o ryw ddeigryn
ar ruddie rhai na fydde, fel rheol,
yn 'u hagor 'u hunen fel ffenest
o fla'n pob un, a wedyn, newidie
naws 'i gân e, fel'se egni newy'
yn nhonc rhyw delyn yn sionci'r dwylo,
i'w gadw ynte, druan, rhag danto,
sy' falle'n arwydd y daw e trwyddi ...

Ac un peth arall – ma' 'da fe allwe
mynte fe, i ladd gofidie'r
hen fyd: Johann Sebastian Bach – fe yw'r bachan
mowr, mynte fe, sy'n achub ei fywyd.
Nawrte, ody gweud peth fel'na'n hurtwch?
A all y boi fod ar golli'i ben?
Duw a ŵyr, ond myn diain i, weda'i hyn:
chododd neb, 'riôd, bwnc fel'na yn Nebo."

Fel drip-drip-drip bob yn dipyn, dim byd,
dim o beth i gychwyn,
fel pluen ar dalcen dyn,

heb agor clwyf, heb yrru clais na mynnu
dim mwy na rhyw oglais
am hwyl, gan guddio'r malais

a fu'n ei dyb ef yno, yn aros
yn hir, i hwyluso
diafoliaid i'w fwlio.

Ar dro, daw rhyw awr dywyll inni i gyd,
a'n gadael yn gandryll
ar ei hôl, yn wasgar hyll;

ond damo, hanes mwy anesmwyth fyth
fu i hwn fan ei gruglwyth;
aeth pluen yn hoelen wyth

o boen yn trydyllu'i ben, nes idlio
i iselder, fel derwen
lom, holltog ar ôl mellten;

wedyn i'r fagddu, i'r düwch eithaf,
i'w lethu gan ddryswch
dieiriau o flinderwch.

Un, o'i eni, i gwmnïa wedi
ei rwydo gan gaethdra
ynys heldrin iseldra.

Rhoi'i ffraethder a'i glaerder dan glo; ei ddawn
ddi-wardd wedi'i ffrwyno,
a'i hyngan yn gelf ango'.

Eithrio unrhyw gyfathrach, a nacáu,
troi cefn ar gyfrinach
dringo a beicio, a Bach.

Er dod i ofal mangre dofi'i ofn,
fe'r un dwfn sy'n soddi
i eigion gwaelod gwegi.

A Bach sy'n ei achub e. Ei aria
sy'n cyweirio'i hunlle
anhydrin, a'i ddwyn adre

o nihiliaeth y falen. Ond o raid
y rhoes yn ei ffuglen,
wedi hyn, bleth dwy haenen.

O'r angst, mae yn ei waith, drwy reddf, ddeunod
sy'n ddeunydd dwy gynneddf –
y llon ymhlyg yn y lleddf.

A maes o law, o'i awen, fe hwylia
ei nofelau amgen;
mae sgorn yn gymysg â gwên
yn neuoliaeth pob dalen.

*

Mae'n braf ar ganu Tafwyl, a'r Gymraeg
ym merw ha'r dygwyl,
yn creu'i rhin ym mharc yr hwyl.

Ond mae'n dawel wrth erchwyn gwely Sais
fu'n swyn-gynganeddu,
â'i sgiliau, gordiau mor gu
a chywired â charu.

Clywir lliaws, ar ôl holi'i hanes,
wrthi'n dannod colli
seiat â'r crys Hawäi.

Hwnt i'r clawdd yng nghartre'r claf, nid hwyl gŵyl
ond gwylad sy' reitiaf –
rhoi sylw i'r ias olaf.

Pan dry'r ias i deyrnasu 'draws yr Ŵyl
a drysu'r haf, gedy
ynom wacter gresynu

i ffawd dorri'i rawd yn rhy
fyr; a chaleted credu
ofered ei yfory ...

i Godot beidio â bod
yn hen batriarch, i warchod
yn hwy ei rawd dan y rhod.

I gae glas Coed-ar-hyd-y-glyn
daw'r awr i roi pridd i'r priddyn,
i ddewin gwrdd â'i ddiwedd.
A roir ei leisiau arloesol
ynghyd â'i chwedlau dadleuol
yn naturiol i'w tirwedd?
Y ddôl lân a ŵyr yr hanes –
ei droi adre'n gawr dirodres
i'w Wales, heb ddychwelyd
ohoni; ond ei storïau,
a chlyfrwch ei hwyl o lyfrau,
o'i angau cânt hwy ddiengyd.

Trwy borth y daeth at dir y bedd,
a thir hiraeth, i'w roi i orwedd
yn ei annedd ei hunan.
Trwy borth y dêl at dir y byw
i hwylio'i ledrith diledryw,
â'i aria adfyw ar hedfan.

Bu farw Cymraeg Aneirin a Thaliesin yn rhanbarth deheuol yr Hen Ogledd erbyn y ddegfed ganrif, dan ormes Saesneg yr Eingl a'r Sacsoniaid. Yn ail hanner yr ugeinfed ganrif, bu darogan marw'r Gymraeg o fewn tiriogaeth Cymru, eto dan ormes Saesneg mewnfudwyr. Yn dilyn rhybudd darlith radio Saunders Lewis, 'Tynged yr Iaith', sbardunwyd mudiad Cymdeithas yr Iaith i wrthod derbyn sarhad y dynged honno. I ganol berw chwedegau'r ugeinfed ganrif daeth gŵr o'r Hen Ogledd na wyddai air o Gymraeg.

Cof y dail

Anadl mewn ... anadl mas
fu curiad hoedl y goedlan
o lwyn gwanwyn ei geni;
ei hanadlu hi, mor dawel yw;
trwy roi'n taw ar ein tywydd clwc, fe'i clywn.
Ond i rywrai ddaw ar dir y ddôl,
nid curiad clywadwy mohono;
iddyn nhw, mynwent ddienaid sydd yno;
dim ond man ble y myn eu defaid,
heb esgyll emyn na defod,
gardod gwair, mor barod i'w bori
ag yw natur flysig y cigydd
am waed hyrddod o weddwdod ei ladd-dy.
Ond y mae, o hyd, yma i mi, gysur
yng nghuriad anadliad coedlan,
a gymerodd gof digymar o hardd i'w gofal;
diolchaf am fod ffawydden a derwen,
yn anadl eu dail, yn gofadail i fardd.
Ond am mai yno y dymunai gilio o'n golwg,
ei wâl, nis datgelaf.

Cariad milwr

Neithiwr, ni filwriais yn erbyn cwsg am eiliad;
arhosais ar ddi-hun drwy'r nos, tra suddai'r cread
gan bwyll i gynnwrf ei bwll o dywyllwch diwnïad,
nes imi deimlo dy fod dithau, fy annwyl gariad,

yn rhannu'r un wyliadwriaeth nos â minnau.
Ac mewn amrantiad, darfu'r gagendor rhyngom
fel petai i alarch gorawenus bontio'r pellterau
nes dwyn cytundeb mwyn ei gymundeb atom.

Ac fel at olau lloer neu wynder alarch, llithiwyd
Cymru gyfan o fewn ffiniau plwyf fy ngofal,
y môr yn glaslamu ar draethau Ceredigion, a thramwy
dy gwch hwylio coch a chanddo chwedl i'w chynnal.

Roedd mynyddoedd ysblennydd Dafydd a Llywelyn,
Pumlumon a Chader Idris, a chewri Eryri,
wrthi'n cael eu ffusto ben ac asgell, fel mewn melin,
ynghyd â'r cwm glofaol na wnaf mo'i enwi

â'i resi ar resi o dai'n sgathru croen ei lethrau,
a'r beddau blith draphlith ymhlith pin penuchel,
lle y disgwyliet ar dy orwedd yn gwrando ar y tonnau –
twtshodd fy nwylo twym â dy ysgwyddau gwyn, penisel

cyn lledu deng mil milltir o wawl dyddiau
rhyngom, pan glywais grawc cawcïod anynad
yng ngwddwg llwglyd India, a'r datguddiad,
er y gall ein gelyn Amser hollti calonnau,
ni all colyn y Sarff ffyrnicaf ddifa cariad.

Ganed y bardd a'r llenor Alun Lewis yng Nghwmaman, ger Aberdâr, yn 1915. Er iddo ystyried cofrestru fel gwrthwynebydd cydwybodol, yn anfoddog iawn aeth yn filwr i'r Ail Ryfel Byd. Yno cafodd byliau o iselder, efallai o ganlyniad i'w reddf heddychol, ac yn drist iawn, cymerodd ei fywyd yn 1944, ac yntau ond yn 28 oed. Yn Ionawr 2016, bu farw ei weddw, Gweno Mererid, yn 102 oed. Mae hon yn Gymreigiad o gân serch a gyfansoddodd iddi hi, ac yntau'n glaf ar ôl torri'i ên mewn gêm bêl-droed, sef 'In Hospital: Poona'.

Siôn Eirian

Roedd cenhedlaeth gron rhyngom,
amser digonol i mi fod yn rhiant iddo;
ond i eraill y rhoed y fraint honno –
i Jennie, Llandre, Llanpumsaint,
ac Eirian, Y Llain, Nantgaredig.
Honnodd dychymyg Aman Bach*
iddo gael ei genhedlu â chwerthin
y ddau Shirgar disgwylgar yn paru;
Jennie, a fu'n faner o fam iddo
drwy chwedegau'r placardio,
ac Eirian, y Methodyn Bohemaidd
a fu iddo'n dad prifio prifardd.

Er bwlch y genhedlaeth rhyngom,
fe'i dilëwyd gan wawr sydyn y wên yn ei lygaid,
a'i reddf i adfer, ym mhobun o'i gwmpas,
yr ieuenctid a gollasid gan leidr amser.
Fe'n cynheswyd gan letygarwch
diamod aseilam Stryd Oakfield,
rhannu dihangdod tywod Carnac,
gwrth-Brydeindod y Dubliners yn An Spidéal,
a'r noson chwerwfelys gyda Southall
yn dathlu ei gêm ryngwladol gyntaf
a Dai, druan, yn ofni iddo chwarae'r un olaf.

Rhowd y prifardd i blith dramodwyr,
Gwenlyn a Povey, Wil Sir Fôn a Dewi Wyn,
i'w drochi â'u harabedd didrugaredd,
a dysgu sut i greu stori
a chwedleuai'r gwir, a dim ond y gwir.

Pam na chafodd y bardd ddramodydd
flynyddoedd y genhedlaeth oedd eto i ddod
i ddal i roi celwyddgwn dan lach ei ddychan,
a denu, i'w theatr onest,
yr un sy' wastad ar y tu fas?
Yn y ddrycin, clywaf farwnad mudandod adar
ddydd angen ein cenedl
o dir Llain draw i'r Llandre.

Ond er y golled orarw, gallaf
yn hyglyw ddal i goleddu hyn:
taran ei theatr ni thewir, a mellt
fflam ei wên, ni rewir;
a bydd gwneud a gweud y gwir
mwy'n ddrama na ddirymir.

Cynhaliwyd dathliad o fywyd a gwaith Siôn Eirian yn Neuadd Dora Stoutzker, y Coleg Cerdd a Drama, Caerdydd, 12 Mawrth, 2022. Trefnwyd y teyrngedau gan ei weddw, Erica, a chroesawyd y gynulleidfa gan ei frawd, Guto.

* ffugenw Siôn pan enillodd Goron Eisteddfod Genedlaethol Caerdydd, 1978

Clustiau byddar

'You can't possibly be King with ears like that',
Yr Iarll Louis Mountbatten

Dy Fawrhydi, gwn, wrth gwrs, am dy alar,
a dof ato maes o law.

Ond, y dydd hwn, a thithau'n arddangos
haerllugrwydd syfrdanol wrth ymweld,
heddiw, o bob diwrnod,
â Chadeirlan Llandaf, o bob man,
mynnaf dorri gair o waelod hollt y galon.

Mae hi, heddiw, yn Ddydd Owain Glyndŵr,
dydd i ddathlu ei goroni'n Dywysog Cymru,
gerbron ei senedd yn y flwyddyn mil pedwar cant.
Dydd talu ein gwrogaeth i'n tywysog olaf, dilys.
Dychwelaf at y mater hwnnw, hefyd, yn y man.

Gwyddost, wrth gwrs, pwy ddiwrnod yw hi;
neu fe ddylet wybod, o styried pwy yw bardd dy lys.
Dylai Glyndŵr, o bawb,
a'i Sycharth, o bob man, ei ysgogi i ganu cerdd.
Mawr yw ein disgwyl amdani;
mae llenyddiaeth Cymru yn ei haeddu.

Ac wedi ein breinio ganddi,
fel eilgerdd pencerdd siŵr o'i gamp mewn stomp,
dylai bardd dy lys efelychu Iolo Goch
drwy foli un o dy balasau dithau.
Boed manylder Iolo yn batrwm iddo:
'Llys barwn, lle syberwyd' a'r 'simnai ni fagai fwg',
y 'naw neuadd … a naw wardrob ar bob un',
a'r croeso arbennig a geid yno
nes disychedu gwerin, gorff ac enaid.

Ni chlywais sôn iti erioed ymweld â Sycharth.
Gwn mor lletwhith fyddai hi i osgordd dy frenhiniaeth ymgodymu
â pherfeddion cul y lonydd troellog, a'u cloddiau yn glustiau i gyd;
ond gallai William, yn frenhinog, dy gludo yno mewn hofrenydd;
cyrraedd y 'top bryn glas'; llais y pencerdd yn traethu cywydd Iolo,
i gyfeiliant gwaeau prudd seiliau diflanedig gwreiddiau'r goedlan.
Mae'n warth i Sycharth ddadfeilio'n ddim ond cnwc i bori buches.
Ond cyn sgathru oddi yno, fel pâr o waetgwn a'ch cynffonnau'n llipa
rhwng eich llodrau, o deyrngarwch i'r gwirionedd am gelwydd rhonc
eich tipyn tywysogaethau, mynnaf i chi glywed, gliried â iasau glasoer
yr hanes, ddistryw cynddeiriog y tân a gyneuwyd gan Hal, un o'ch hil.

O'r awr honno, bu Owain yn ffoadur yn ei wlad ei hun.
Anhysbys yw man ei ana'l olaf; nid oes, yn unlle, fedd,
na chof am frad; Owain Glyndŵr, ni fradychwyd hwn
erioed. Ym marwnad yr ehedydd ar y garnedd orarw,
ceir 'gyr o wŷr' yn fwy na pharod i'w hebrwng adre.
Teyrngarwch anniffodd fu rhodd ei gydwladwyr iddo.
Y ffaith annistrywiadwy hon yw cusan-ana'l ei ddihuno.

Mor wahanol i Iolo, caiff dy fardd dithau
ddewis helaethach o anheddau i'w canmol:
Clarence House, Highgrove, Birkhall, Llwyn y Wermwd ...
Ond y lle a hawlia ddim llai nag awdl ganddo
yw dy Balas Buckingham, y mwyaf mympwyol ohonynt oll,
gyda'i saith gant saith deg pump siamber, fwy neu lai,
hanner cant a dwy o'r rheiny â'u gwelyau brenhinol eu maintioli;
ac yn goron ar y 'godidowgrwydd', gynifer â saith deg wyth geudy;
saith deg wyth o is-orseddau enamel safnog yng nghylch dy orsedd.
Gan gofio enwogrwydd Dy Fawrhydi fel prif achubydd yr amgylchedd,
awgrymaf y dylai bardd dy balas gynnwys gosteg o englynion cyfrwys,
crafog, yn rhybudd i'th ach rhag i garthion palas lygru teg afon Tafwys.

O fynnu, heddiw, dywyllu trothwy Eglwys Llandaf,
ei, yn anorfod, i gysgod yr Esgob William Morgan.
Amanuensis y Gair, a phrif achubydd geiriau'r Gymraeg
rhag pob erlid a fu arnynt.
Cei d'atgoffa o'r camwedd hwnnw, hefyd, yn y man.

Pan eisteddi yn dy gadair gadw,
wedi'i sgrwbo a'i sheino gan ddagrau
o baratoi ar gyfer presenoldeb Dy Fawrhydi –
ni bu'r fangre laned, ers ymweliad Mammá;
yn ei chyffiniau, talasom am yrr o chwynladdwyr
fel na bo raid iti ymostwng i gyfarch un blodyn pisho'n gwely –
pan eisteddi, dyrchafa dy lygaid at y *Majestas*;
a dysga wers o graffu ar yr osgo di-rwysg,
gyniled â cherddi R.S.,
mor wylaidd â chanu Waldo.

Ond ofnaf ei bod hi, erbyn hyn, yn rhy hwyr
i tithau ddysgu arddel gwyleidd-dra.
Gan iti ddisgwyl cyhyd amdano, esgorodd dy goroni
ar dymestl o Seisnigrwydd ymerodrol yn dy ben.
Mynnaist ddal i arddel yr un hen gelwydd
gan honni y bydd dy fab yn Hal arall i Gymru.

Wyt ti am dynghedu dy Willy i ddioddef yr un sen ag a gest tithau?
Siarl yn treiglo'n Garlo yn nychangerdd dy gyd-fyfyrwyr,
a'r rheiny'n cefnu arnat bob tro yr aet yn lwmpyn o letwhithdod
drwy ddistawrwydd oer y cwad, lan stâr fel tywysog caeth i dy dŵr,
ac yn llwrw-dy-din i labordy'r arbrawf mwyaf grotésg yn hanes Cymru;
dy law grynedig ynghudd, naill ai ym mhoced siaced dy siwt,
neu dynned â magned, fel dernyn estron i'w faldodi wrth dy frest.

Ond gan gryfed dy haerllugrwydd diweddar, efallai
y bwriedi i dy gyntaf-anedig arwisgo medalau'i swyddi,
tra ar yr un pryd, osgoi ei arteithio gan rwysg arwisgiad
dan drwch o ermin. A'i wobr? Etifeddu Llwyn y Wermwd,
i ymbleseru'n ddiletantaidd yn ei dameidiau o Gymraeg
symbolaidd, fel ei 'baned', a'i dafell fenynaidd o 'fara brith'.

Heddiw, yn unol â threfn yr oedfa,
cei honni i wefr Haleliwia'r emyn
gyrraedd cynteddau cêl dy enaid;
rhyngot tithau a dy gred am hynny.
Ac i gloi'r gwasanaeth, Dy Fawrhydi,
bydd dy dyrfa'n erfyn ar i'w duwdod
dy garco, fel y bu hi yn hanes Mammá.
Ond, o deyrngarwch i'r gwirionedd,
myn Duw, fe fynnwn i grochweiddi
na fedd dy dduw yr hawl i'th yrru'n
hapus-odidog 'draws y byd i'w drechu!

Daeth i ben dreisio byd.

Heddiw, caiff dy dduw a thithau glywed, dan ddwylo agored y *Majestas*, am wynfyd y tangnefeddwyr, er ei fygwth gan ddwrn anghyfiawnder, ac am ddoethineb Solomon yn iaith gyntaf ein Wil Bach o'r Tŷ Mawr.

Mae hi'n wyrth bod ei Gymraeg yn fyw.
Er i'r Forwyn Frenhines ddeddfu i'w dyrchafu'n iaith yr Ysgrythur, o blaid Protestaniaeth oedd hynny. Bu, wedyn, Dy Fawrhydi, ailddeddfu creulon yn ei herbyn, fel y collai ei statws; dioddef sarhad brad y Llyfrau Gleision; a thra gwisgai dy hil fedalau fil, hongienid y *Welsh Not* am yddfau plantos dy 'dywysogaeth', a hynny, gan amlaf, gan ysgolfeistri Cymraeg eu hiaith, y ciweidiau a labelid yn Sais-addolwyr gan yr Iolo enwog arall yn ein hanes. Aeth cenhedlaeth yn ysglyfaeth i ddrwgweithred hunan-niwed, â dy genedl yn ddigyfaddawd, gam yn nes eto at unfathrwydd Prydeindod, â'r cynllwyn i ddileu mamiaith pob Wil Bach.

Ond, diolch i'r drefn, daeth tro ar fyd.

Gwyddost hynny'n dda, wrth gwrs, a thithau, Dy Fawrhydi, wedi dy wthio'n rhagluniaethol i ganol berw protest y chwedegau, berw a deimlid, nid yn y cornelyn hwn yn unig, ond ledled daear. Roedd hwpo dy wep ar gân ac ar lun cartŵn yn hwb eironig i'r gad. A bu dy gastio'n brif gymeriad yn dy ffars dy hunan yn fodd i droi trasiedi ein chwedl yn chwerthin am dy ben, yn wawd y cyfiawn.

Eto, ni bu'r tro ar fyd heb i ebyrth greu 'mannau hyn' y dewrion:
nid ar hap, ond ar fap ein cof yr erys Cydweli, Cilmeri, Penyberth,
a Thryweryn ... y mannau certh, mor enwog yn ein llyfrau hanes,
lle bu brwydro a breuddwydio am normalrwydd rhyddid cenedl.
Ond a glywaist gan dy diwtor yn dy dŵr, Dy Fawrhydi, am y man
yn Llangennech lle bu'r dewrion, Trefor ac Eileen Beasley, yn byw?
Am y bore y daeth y beilïaid i'w haelwyd i ddwyn darn o'u dodrefn,
a hynny am y chweched tro? Sawl wardrob, sawl gwely chwanegol,
sbâr, oedd eu hangen ar drachwant llywodraeth ymerodrol? Ond
be' ŵyr un a fagwyd gan frastod ar gyfer myfïaeth ei goroni euraid
am aberth dau werinwr diymhongar ar ran cyfiawnder i'w hiaith?
Nid oedd Eileen yn ei chynhebrwng ei hunan, gan iddi droi heibio'i
chorff er lles meddygaeth; tra byddi di, Dy Fawrhydi, ryw ddiwrnod,
yn segur-bydru yn dy goffin plwm, bydd cleifion yn rhywle'n elwa
ar allgaredd a dewredd un o werinos ryfeddol pentre Llangennech.
Sut elli di, Dy Fawrhydi, gysgu'r nos yn dy wely brenhinol pedwar
postyn, a bodloni ar y bwlch annynol sydd rhwng brenin a gwerin?

> Bu adfywiad;
> bu deddfu o blaid y Gymraeg;
> fel o fedd y daeth yn fyw.

A dorri di air â dy brifardd i orchymyn iddo droi'i chwedl yn hanes,
o echdoe du ei Chatraeth, i'w hyfory ffyddiog y bydd hi yma o hyd?
Caiff gyfle nawr, o safle'i gadair yn dy ymyl, glosed â chwa o chwys,
i ddychmygu gweld yr Esgob, yr ieithydd a'r diwinydd athrylithgar,
yn esgyn i'w bulpud i agor, â balchder, ei Feibl glân yn ei famiaith.
Sylwch ar ei wên pan glyw ei eiriau ef ei hun yn urddasoli'r fangre.
A chlywch ei lais yn codi fel cresiendo emyn-dôn 'Cwm Rhondda',
yn oruchafiaeth tafodiaith sy'n ddealladwy bentigili o Fôn i Fynwy.

Dy Fawrhydi, cyn dy ollwng i ofal allorfa Llandaf,
cydymdeimlaf â thi yn dy alar.
Mor arw marw mam.
Cofiaf farw fy mam innau.
Clywed torri, am y tro olaf,
linyn bogail o groth perthyn.
Galar, tor calon oedd.

Ond, Dy Fawrhydi, gwaceir pob ystyr o dy alar dithau
gan yr ystad o hurtrwydd annirnadwy
y tynghedwyd i ti ymdrybaeddu ynddo.
Bodoli byw, hyd at fynd heibio i garreg filltir lwyd oed yr addewid,
o hyd o hyd wrth erchwyn gwely angau hirfaith dy annwyl Mammá.
Druenusaf Fawrhydi, amod dy frenhiniaeth oedd tranc dy frenhines.
Ond er i'r ddrama gwacter ystyr gael ei llusgo i'w llen olaf,
ni chei hudo fy nghynefin innau yno i'r anghyfannedd didaro,
lle na chlywir dim ond rhyw ddyri ddiddiwedd am ddyfod Godot.

Cyn dy fynd at dy oed â William Morgan,
rhaid iti ddod am dro, Dy Fawrhydi, i dy wlad dy hunan,
i'r gwastadedd sy' mor annhebyg i dirwedd dy gymydog.
Mae Swydd Lincoln ac Eryri fel ar ddwy blaned wahanol.

Awn i'r gorffennol pell, a chyfarfod, mewn priordy, â lleian.
Gwyddost pwy yw hi; cest wybod amdani yng ngwersi dy dŵr.
Gwn fod hyn yn anodd i ti; ond, a bod yn ddiflewyn-ar-dafod,
mae'n iawn iti deimlo'n anesmwyth, gan taw un o'th hen ach
a achosodd y cam-drin anfaddeuol a fu fan hyn. Dy Fawrhydi,
o'r sawl 'man hyn' trychinebus a fu erioed ar fap fy nghenedl,
hwn oedd un o'r tristaf ohonynt. Bu camwedd difrifol fan hyn.

Fel y cofi di drychineb lladd dy Flodeuwedd yn nüwch damwain y twnnel,
wylwn ni oherwydd y falen a orfodwyd ar uffern ein Blodeuwedd ninnau,
fan hyn.

A dorri di air â hi? Saesneg mae hi'n siarad. Fe'i dysgwyd iddi gan ei threisiwr.
Mae hi newydd groesi'r hanner cant, ond ni ellir cyfri'r rhychau ar ei hwyneb
a hwythau ynghudd dan ei chwfwl. Pe caem fynd dan dristwch ei chlogyn,
o blyg ei gwar hyd at ei sodlau blin, gwelem gorff crin, fel afallen ddiffrwyth.
Yma y bu o'i babandod, ond heb gof am gwtsh na mam na thad.
Ni ŵyr Wenclïan-Sempringham ddim yw dim amdanynt.

Daw esgus-olau haul drwy gulni ffenest, heb iddo, unwaith, ddod ati hi ar fryn.
Daw'r nosau â'u brithgof am fordaith ddi-droi'n-ôl heibio i ddiflastod tywodlyd
o Brydeindod.
Dy Fawrhydi, a ddywedi di'r gwir, a dim ond y gwir, wrthi?
Am ddifrodi Llan-faes a bedd Eleanor, ei mam, gan Saeson,
yn gosb, gan i'r trigolion, wedyn, gefnogi Owain Glyndŵr?
Am boer dy Lundain at benglog bwdwr ei thad, Llywelyn?

Rhag i'w stori arswyd ddal i gywilyddio dy frenhiniaeth,
hawliwn gael ein rhyddhau i ddychmygu'n cof tyner amdani.
Mynnaf dynnu caethder ei chlogyn a gwarthbren y *Welsh Not*
yn garcus o'i gwddwg; nid oes arlliw o hunan-niwed fan hyn.
Dy Fawrhydi, ai dyma'r enghraifft lachar gynharaf o wahardd
y Gymraeg? Myn i brifardd dy lys ymroi'n ddyfal i'w ymchwil.
Mynnaf innau roi i Wenllïan gynghanedd ei henw bedydd yn ôl,
ac un ei man geni; ei dysgu i'w hynganu; ac adfer iddi, petasai
hynny ond am rai oriau yn unig o chwerthin iachus croten fach,
ei phlentyndod yn Abergarthcelyn; canu iddi hwiangerddi Eryri;
agor ei llygaid, am unwaith, ar wên ei mam fel gobaith gwawr,
a'i suo i freuddwydio am ei thad yn dywysog dilys ei chenedl.

Collais innau chwaer. Ches i mo'i nabod hi.
Bu farw cyn fy ngeni, ieuenged â Gwenllïan
    yn wynebu ei thrallod.
Fel hithau, ni chafodd fy chwaer innau nabod
mo'i rhiaint na'i thras, na'i henw, na'i hiaith,
    na'i bro, na'i Chymru.
Dwy debyg eu tynged, ac eto, mor annhebyg.
Gwn taw rhagluniaeth oedd llofrudd fy chwaer.
    Ond beth, yn dy farn di,
Dy Fawrhydi, a achosodd drasiedi ein Gwenllïan?
Dwed wrth dy bencerdd i ymchwilio'i odliadur
    er mwyn odli 'rhagluniaeth'.
Mae hi'n rhestr boenus o eiriau ingol, damniol.
Ymerodraeth, difrïaeth, caethwasiaeth, alaeth,
    difrodaeth, gelyniaeth.

    Ond yr hyllaf ohonynt,
    o ddigon, yw hiliaeth,
    dewines gwladwriaeth
    sy'n rhwystro hil arall
    rhag cof ei hunaniaeth.

Cam-dro creulon, eironig arall yn nhraha'r hanes
oedd i dy ymerodraeth, fel cythreules bantomeim,
symud, ym Mish Bach y flwyddyn mil tri chant ac un,
holl gyfoeth tiroedd ein *Pura Wallia* yn eiddo i fab
Edward y Cyntaf, a hynny yn Lincoln, nad oedd, 'draws
y wlad wastad, ond un gorwel bant o Sempringham,
    o bob man.
Ac yn gopsi ar haerllugrwydd y tu hwnt i bob dirnad,
enwi hwnnw'n *Principe Wallie* ar Ddydd Gŵyl Ddewi,
    o bob diwrnod.

Dyma gychwyn ar ganrifoedd o'r sarhad bwriadol
ar gymydog, y dioddefir ei gynffon fan hyn heddiw.
Yng Ngwynfydau'r oedfa, y Gymraeg a'n geilw i garu
cymydog. 'Y sawl sydd ganddo glustiau, gwrandawed.'

Dy Fawrhydi, mae dy gadair gadw yn disgwyl amdanat.
Ond cofia taw cadair fenthyg ar gyfer ymwelydd yw hi.
Rhwydd hynt iti ddychwel, wedyn, dros y bont at dy hil,
tra byddwn ni yma o hyd yn dathlu Dydd Owain Glyndŵr.

Angen adfer hen arfer Barddas

Er dagrau pethau heddi,
ymrown i ddweud y stori
am Edward a Seisnigaeth flin
ei fyddin, yn lladd Cymry.

A sut cofféir y brenin
a laddodd feirdd â'i fyddin?
Mynd ar orymdaith at ei fedd
mewn hedd, a gollwng deigryn.

'Pwy ddwli nawr sydd ar y crwt?'

'Helyc a Cherdin / buant hwyr y'r fyddin ...'
'Kat Godeu' (Cad y Coed), Llyfr Taliesin

'Pwy ddwli nawr sydd ar y crwt?'
'Menywod', Dail Pren

Roedd yno,
ynddo, o'r dechrau,
yn naïfrwydd ei galon,
heb iddo'i nabod ddigon
i'w enwi, na'i ddadansoddi.

Cyffro tebyg a ysgogodd
Lleu i ddyheu am Flodeuwedd,
a dileu melltith ddifaol
anghyfiawnder;
fel yr ysfa i gwpla'r dehongli ar ganfas
rhag bod yn artist y llun ar ei hanner;
fel yr awch am yr awen,
rhag bod yn fardd y gerdd anorffen.

*

Crwt ar ei brifiant,
yn cysgodi dan entrych
helygen a dreuliai'i thymhorau
yn wylo ei gwayw tyfiant i lyn;
eisteddai yntau oddi tani
ar wal a oedd iddi'n odre
gan mor gleiog y geulan;
oni bai am seiri maen
ei orffennol, ni welsai
gysgod o'r pren a bydrai'n
araf, angof dan ddŵr du,
o'r golwg, gan ddyfned
dirgelwch y dibyn.

Neu ai chwedl orgarcus oedd honno,
rhag iddo fynd mas o'i ddwnder?

Tir cleiog oedd ffefryn
ei helygen wylofus,
ei gwraidd wrth eu bodd
â'r ystwythder moethus.

Ym maldod ei chyhûdd,
syllai'r crwt drwy lesni
pletiog y dail at ei brig,
gwe ei chwte-ŵyn Ebrill
yn ffroc cymanfa amdani;

er gafael wal ar orffennol,
a threm yr hollbresennol
uwch ei phen, mynnai afiaith
chwaon iddi hoywi fel ffidil ffair,
fel tasai'r wylofus un
wedi darganfod, yn sydyn,
gyfrinach chwerthin.

Untro beiddgar,
estynnodd gan bwyll bach
at gyfaredd ei cheinciau
i gellwair chware cwato
y tu hwnt i garco rhieni;
bod ar ei ben ei hunan
i rannu cyfrinedd y pren;
plisgyn y rhisglyn tonnog
yn cyffroi dan dwtsh blaen
bysedd, fel coglish awel,
gan ollwng ochenaid
yn eco i chwaon anadl;
roedd un a ofnai'i gysgod
ar fin profi, am y tro cyntaf,
ganfod y nyth ddirgel.

Cof am y gân gymanfa – *'Dring i fyny yma; dring, dring, dring'*
a largo noson lawen Jac a Wil – *'Clywaf lais yn galw arnaf fi o'r nef ...'*

Yr untro mentrus hwnnw,
magodd y gân dôn newydd;
er y dansier o lithro, a cham
gwag y tynnu gwarth am ei ben,
adnabu'r crwt wres y mynd amdani.

O'r brig, gweld belled ag eryr
gynefin ei Ddyfed fframiedig,
ond heb ganfod hanfod y darlun:
ŵyn, newydd adnabod gwanwyn,
yn ffaelu credu hyfryted eu ffawd;
da bach dan y deri'n cysgodi,
wedi dwlu ar eu byd di-ffrwyn;
y Ddyfed ddedwydded â cherdd
bardd nas siomwyd erioed; neu lun
John Elwyn drwy lygaid plentyn.

Ar y brig, achub munudau
cyfriniol deuoldeb cwtsho;
yr helygen fel coeden achau
wedi'i dderbyn yn un o'i brigau,
yn bâr, yn ddeuawd ddiddan,
yn un cwlwm annatod o berthyn.
Ond er hyn, roedd silwét eu hundod
yn gysgod dros wep ddagreuol y llyn.

Disgyn yn sydyn at ei godre;
ymdeimlo â'i newid naws;
roedd hi eto'n helygen wylofus
yn ildio ei dagrau i'r dŵr.

A'r crwt, ni wyddai pam.

Yn llanc, lladd amser
fu'i hanes; cadw pellter
rhyngddo a'r cyffro;
diystyru gwres yr ysfa,
diarddel ei deimladau
a'u hymlid ar hast
o'r golwg, o gywilydd.

Onid oedd y cysyniad
mor hurt,
y tu hwnt o abswrd?

'Dwli dwl! Hawyr bach! Be' wedith dy dylwth,
dy fam, dy dad, cymdogion, cymdogeth?'

Pwy, yn ei iawn bwyll, a'i coleddai?
Onid oedd y ddau dramp
yn dal i ddisgwyl am Godot?
Aed â'u callach i seilam,
neu eu codi o wely afon.

Heb fynd â'i gywilydd
at Wydion, roedd ei lun
yn drist o anorffenedig,
a'i gerdd yn farwanedig.

Ond nid Lleu mohono;
er i hwnnw, droeon, ddisgyn
i rodio ar wastad dynoliaeth,
fe Lleu, a rodresa'n oesol,
ymerodrol 'draws ei ffurfafen,
gan groesi a dileu gorwelion;

goleuni byd; meistr cyfanfyd,
boed bla, boed wledd,
boed glod, boed wawd;
blodau'r banadl ac erwain,
cyn i'r rhain agor eu petalau
iddo, fe piau eu ffawd.

Mor wahanol, yntau,
y meidrolyn man a lle
yn ei gornelyn o'r ddaear,
yn ei hon ar fap, a'i ffin
am y clawdd â gwlad
a'i twyllodd ei hunan
ei bod yn gyfuwch ei grym
a'i braint â'r Lleu dwyfol.

Dihangodd y meidrolyn
i ganol drysi o eironïau
finioced â draenen ddu,
er iddo'i dwyllo'i hunan
na chofiai, erioed, waedu.

Adrodd 'Y Border Bach', tra gofidiai tri
o gyfoedion Crwys am ffin rhwng
byw a marw cenedl
ym Mhenyberth.

Morio canu am frad Dynrafon,
tra anwybyddid boddi
Capel Celyn.

Moli'r mynyddau mawr am aros,
    tra symudai'r mynydd slwj
        dros Aber-fan.

Pyncio am Glyndŵr, yn galw tywysogion ddoe
    i ben Pumlumon Fawr, tra gwysiwyd
        llanc i hen gadarnle Eryri,
        i gellwair â miragl coroni.

Rhowd rhwydd hynt i wynt traed y meirw
    weithio'i felltith ddwyreiniol;
        methodd y clawdd ei atal
    rhag sgubo llwch dros dramwy'r clos,
    drysu cymhendod caeau, ydlannau,
    a saethu llucheden a'i tharan ry agos
at gyfrinachau hunllefau: ac un yn arbennig
        a'i harteithiai drachefn
            a thrachefn
        drwy wayw olaf llencyndod,
            a geni oedolyn,
            chwalu'r wal yn rhacs;
        helygen hesb yn ildio
    pob rheswm ei gwreiddio mewn clai
            i ddiddymdra twll;
            yn ddim ond clai
    yn nihiliaeth ar ei hanialu eitha;
        rhwygo'r llun ar ei hanner,
        dileu'r gerdd heb ei chwpla.

Rhytha nawr ar anghyfiawnder pob fory;
ond gwêl â'i lygaid llydan agored
nad breuddwyd mohoni;
mae hyn o ddifri.

Bu newid; bu niwed;
bu siom; bu haint;
difwynwyd Dyfed;

bu eto ddifrod
estron yn Nôl Goch;
bu taw ar gerdd dafod;

capelwyr John Elwyn
yn becso'u Suliau
am eu bara menyn,

eu deri'n ddifustach,
a gwanwyn diniwed
ar ben i'w hŵyn bach.
Bu cuch cyfnosi arall.

Beunos yn llygaid Lloegr
bu'r machlud dros Gymru
yn bictiwr pert ar gardie
gwylie mewn tai haf.
Faint chwaneg a gollir
o rimyn rhacsog y map,
o ddarn briw'r cornelyn
cyn addef y bu gwaedu?
Y rhuddo ar greigle Eryri,
y llosgi dros y Preseli,
erchylled â llawr lladd-dy.

Oer yw haul pob machlud,
oered â llygaid llofrudd;
oered â chof wedi'i golli;

oer fel dimbydwch bodoli;
oerfel gwlad heb ei hyfory.

Ar waelod llyn dagrau, mae blagur helygen.
Gwydion yw consuriwr ei thwf anwel,
twf na ŵyr naïfrwydd estron amdano.

Er hwyred ei chyrraedd, dymor y trymder
ei rhan fydd dal ei thir adeg cad y coed;
cynnig ei chainc i fro frigo'i chyfiawnder;
crogi'i thelynau, dro, adeg amser i wylo,
ond heb ildio siwrne i afael diddymder;
cysgodi penseiri i ailgodi'r hen welydd
rhag y llithro i gleibwll bod yn ddihyder;
a rhoi'i hentrych i artist gwpla'i lun,
'Y Drefedigaeth Olaf',
fel y gwêl plant a'u plant y gwarth a fu.

'Ond pwy les codi hen grachen?
Godde'n gily' sy' ore; sda ni'm dewis,
a ninne'n rhy wan i fod ar wahân!
Ac o ble ddele'r arian? Wfft i shwt ddwli!'

Er croched y cleber,
cwplaf inne fy nghainc
i wres cad y coed;

cydwylaf â'r helygen;
cydwaeddaf â'r crwt
'Ie! Cymru!' yn llawen;

yn henwr, cymhennaf
gloddiau fy nghaeau;
tramwyaf fy nghlos;

ry'n ni yma i aros.

Culhwch a'i Olwen

'Hawdd yw genhyf gaffel hynny,
kyd tybyckych na bo hawdd' – Culhwch

Yn ôl y chwedl,
aeth Culhwch ar ofyn Arthur Frenin Ynys Prydein
am gymorth i ennill calon Olwen;
dyn ar gefn ei geffyl,
fflachlas mellten ar ei darian,
ei fwyell yn tynnu gwaed o'r gwynt.

Ynys Prydein, cyn bod Prydeindod,
pan roddai Sgilti Sgafndroed
ei hyder ym mrigau ucha'r deri dan ei gamre,
a phan fedrai Clust fab Clustfeinydd glywed,
hanner can milltir o bellter bant,
forgrugyn yn ymbrysuro'n ei fyd ei hunan
heb ymyrryd â phridd neb arall.

Ynys Prydein, pan deyrnasai Arthur mor gywrain
nes i'w hanes droi'n chwedl,
am Gulhwch yn cael Olwen,
fel gwlad gariadlon o flodau pedair meillionen,
a'i farch yn tasgu i'r awyr
bedair tywarchen â'i garnau,
fel pedwarawd o wenoliaid
yn darogan gwanwyn i'w dirwedd
hunanhyderus.

O dasg i dasg bu'n Gulhwch dewr,
a'i gredo'n herfeiddiol;
'Y mae hyn yn hawdd i mi,
er y tebygi di nad yw.'

Ein tasg ninnau – o gofio
am afon Edw a Thryweryn,
Abaty Sempringham ac Ysgol Aber-fan –
troi eu chwedlau'n hanes.

Y wal goch

O hyd ac o hyd, yn ddisymud y saif y wal goch gydol y gêm;
arwyneb o wynebau, a phob un ag un gôl yn nwfn y galon.
Er iddi golli, ymron, bob gêm yn y dyddiau diweddar,
pan ddêl arwr glew yn waed newydd â'i gamp i'r gad,
mae'r wal yn ymwroli ag egni i hogi ei hanogaeth.

Medra'r hen gêm droi'n gas – y bwgan a fu'n rhan o'i natur
hi erioed, chwerwed ei chwarae – nes wynebu clais anobaith
y gosb eithaf, yr ych-a-fi o golli gwaed.

Yn y wal gwelaf wynebau y des i'w nabod:
dau wyneb daioni yn eiddo i Ddewi a Hywel Dda,
a'u dilyn gan delyn deires y tywysogesi, y ddwy Wenllïan
a'r Nest a fu'n Helen ei chenedl.
Wedyn, y Llywelyn a all hawlio'i alw yn dywysog y tywysogion,
a'r Glyndŵr, â'i galondid ewn.

Fel mewn orielau, y mae gweddau cyfieithwyr y Gair
i Gymraeg y werin, a rhai'r emynwyr a'i hemynodd;
wynebau trindod Penyberth,
eneidiau cydnerth â'r gonestwr Kitch
ac â'r Waldo di-ildio, dewr.
Yna wyneb ac arno anogaeth yr unigryw Granogwen.

A bydd Dafydd yma o hyd â her
yn ei alargan freiniol i'r Gwynfor yno.

Grav, ceidwad y cledd
Fy ymateb i'r ffilm ar S4C

Ein hanwylaf ganolwr
â'th glonc sionc a'th gredo siŵr,
rhoist weiniad i'n cledd cadarn
heno, di'r Cymro i'r carn.

Er cof am y ddau annwyl, Wyn a Richard

Tannau'r gitâr o gariad i'w deulu
    a band Ail Symudiad,
  yr hiwmor a'r ymrwymiad
  wnâi Wyn Fflach yn hoff i'w wlad.

Rwy'n fud; bu ail symudiad gan elyn
    â'i gnul heb gydgordiad;
  hyrddio'i gerdd o gig y gad
  yn ffluwch, mor drist mewn fflachiad.

Er cof am Margaret Harries (Mags), Telynores Llwchwr

Er tewi curiad diwyd ei thelyn
    a'i thalent, myn ergyd
  wych ei halaw ddychwelyd;
  so, mae Mags yma o hyd!

I gofio Aled Lloyd Davies
Ar achlysur Gŵyl Aled, sef Gŵyl Gerdd Dant yr Wyddgrug, 2024

Cyfaill llengar Maesgarmon a eiliai'i
    'O! Walia!' mor gyson;
  rhoes arf gras ei yrfa gron
  haleliwia alawon.

I gyfarch Nest Jenkins ar ennill Gwobr Goffa Llwyd o'r Bryn
Dewisodd lefaru 'Ffenest at y Fynwent' Manon Rhys

Cof Manon ddaeth yn onest o enau
    dy enaid mewn gornest;
  anerchwn nawr dy orchest;
  ein bri ni yw dy wobr, Nest.

Cofe, T. Llew

Ble ar 'ddaear ma'r llais arian, a strancs
    ei storiáis mor ddiddan
â champe geire ei gân?
Cofe! Yng Nghwm Alltcafan.

A chofe'n un bach hefyd yn Iet Wen,
    pan ddaw tad fel alltud
yn ôl o bair Rhyfel Byd,
a mab ym merw mebyd.

Cofe lŵeth yn ca'l cyfleon prin
    mewn cwtsh pridd gan galon
o fam; ond athrofa hon
yw'r faenor i'w ofynion.

Wedyn, cofe'n gricedwr, a'r wicets
    dan hud tric y bowlwr
yn yfflon, deilchion, di-stŵr,
wedi'u dryllio gan droellwr.

A chofe, Llew, yn dewis, yn rasol,
    roi'i groeso i'r Jipsis;
ma' hi'n iawn i'r Romanîs
o hyd ga'l Pishyn Padis.*

Yn y Cilie cofe'n ca'l cyfeillach
    cyfeillion y stabal,
a chwlffyn stalwyn 'mhob stâl
a'u doniau'n mynd â'i ana'l.

Cofe'r gwyddbwyllwr yn herio'n y gad,
    a'r gêm yn ei ddwylo
  wrth ymdrin â brenin bro
  estron, cyn ei ddinistrio.

Cofe nawr yn cofio 'nôl, yn hen ŵr
    Dôl Nant, am ei bobol –
  yr unplyg, y ffug a'r ffôl,
  y milain a'r ymylol.

Cofe'r gŵr sy'n garwr geire'r awen,
    a chrëwr delwedde
  mor gain gyda'i Gwmrâg e
  fel hudwr gwraig o flode.

Cofe Llew mewn llyfrgell hud, a'i hantur
    i blant gael dihengyd
  am 'bach, o orthrwm eu byd,
  a dod at swyn y dwedyd.

Nawr, cofe'n hollbresennol, yn eilun
    sgrin, talwrn ac ysgol;
  a thrwy'r iaith ddaw ar ei ôl,
  fe feddaf i ei waddol.

---

*Roedd yn gyffredin i bentrefi yng Ngheredigion ddangos lletygarwch, a charedigrwydd, i deithwyr trwy neilltuo darn o dir iddynt gael aros. 'Pishyn Padis' oedd yr enw ar ddarn o dir comin ar lan afon Siedi ym Mhentre-cwrt, Llandysul lle magwyd T. Llew Jones. Mae'r term 'Pishyn Padis' yn yr englyn hwn yn dynodi'r croeso a oedd i deithwyr mewn cymunedau gwledig.

William Morgan yng Nghadeirlan Llandaf

Mae urddas y *Majestas* uwch fy mhen
yn hardd o ddi-rwysg fel cerddi R.S.;
cenadwri Gymraeg y Cymun Bendigaid
a oleua'r awyrgylch fel sain glir organ.

O'r Hebraeg, Cymraeg y Tŷ Mawr a roes
i wlad wledd lafar y salm a'r ddihareb;
o'r Groeg, agor yr iaith i greu'r Ysgrythur
a'i hegnïo i fod yn iaith y Gwynfydau.

Esgob Llandaf – yma, fe'i gwelaf â gwên
yn pori trwy faeth ei lyfrgell genedlaethol,
nes clywed gan Iesu, a arferai siarad Lladin,
dafodiaith sy'n ddealladwy o Fynwy i Fôn.

Dydd Owain Glyndŵr yng Nghadeirlan Llandaf

Am gyfnod, ym Medi, roedd y tŷ gweddi wedi'i gau,
am fod angen ei gymhennu a'i raenu cyn ymweliad
brenin; mewn perfedd o frwdfrydedd dros fawrhydi
aed ati ddyfaled â phe dôi ffawd â Duw ei hun yno.

Onid oedd Siarl yn enw mwy parchus, gweddusach
na Charlo, ac a haeddai daerni ein gweddïau drosto
am iddo golli mam? Boed felly; doed eglwys Llandaf
yn gynnes gan wres Cymreig, yn deml cydymdeimlad.

Ond erchyllter Cilmeri a Thryweryn, ni allwn ollwng
eu hing yn angof; na gwawd Sais y Llyfrau Gleision;
na'i warth yng nghrog ei *Welsh Not*; na llaw hil arall
a wêl yn dda i gau'n ddwrn, heddiw, o bob diwrnod.

Dy Fawrhydi, a elli yn dy wâl, wedi afradlonedd dy alar,
ddeall na allwn ollwng ein hangau ein hunain yn angof?
Drwy rwysg d'arwisgo y bwriadai imperialwyr dy Brydain,
â'u hegni, ysigo hen saga hanes y genedl. Ond yma o hyd
y mae hi, yn goleuo'n dydd â fflamau'i chof am Glyndŵr.

Drannoeth Dydd Owain Glyndŵr yng Nghadeirlan Llandaf

Wedi'r mwstwr, y *Majestas* tirion ei naws
sy'n teyrnasu. Trwy wydr plaen, y mae'n
edrych mas wastad ar wlad a erlidiwyd.

Ei eiddo ef yw'r anwyldeb Crist-debyg,
a'r adnodd a ddeil gariad yn ei ddwylo
agored; y mae'n ei wedd, yr allgaredd

yr eir ag e hwnt i lun ffenest liw a nef
defod emyn; mae ei drem daer ar hil
a yrrwyd drwy felin hurt o ryfeloedd.

I Landaf y daeth gwrthgad Glyndŵr
i ddatseinio egredd at Seisnigrwydd,
cyn y tro llidus, grymus gan Gromwell.

Fe fu hyn cyn i follt o fellten, untro,
ddwgyd pob teilsen o'r to, fel y bu
yno boethfel bom yr Ail Ryfel Byd.

Ddoe, bu camwedd un heriant arall
ger yr allor: Lloegr, o'i haerllugrwydd,
yn ein hannog i aberthu'n hunaniaeth.

Gorwelion

'Mae hanes yn adrodd yr hyn a ddigwyddodd,
barddoniaeth, beth allai fod wedi digwydd.'
Paul Ricœur, La métaphore vive

Yn oriel yr hen elyn
y saif yn syn.

Yma, mae'n dawel, fel Llanilltud Fawr
ynghwsg cyn sang y wawr, neu cyn i wawl
ei fflam oleuo, yn Nhrefflemin,
fwthyn sang-di-fang o argyfyngau
mam a phlantos, beunos, beunydd.

Yn y gosteg astud, ni wêl y rhelyw sidêt
ystad aflonydd y bardd o flaen *The Bard*.
Er y distawrwydd, rhed storom
ddyrys, boenus trwy'i ben;
gwach fain y dwyreinwynt yn ddi-wahárdd o wyllt
o lwynau gelyniaeth, o grombil hiliaeth.
Y gwynt diysgog ei wae ...
Blingwr, cwympwr coed, andwywr hen doeau,
ymyrrwr â mortar muriau,
a'i hyrddau o gleddau llymach
na glaw taranau'n trywanu
beirdd diymadferth heb arf,
heb waedd yn erbyn y byd.

Ac eithrio un, y Bardd unig, yr unig un ar ôl.
A geir ganddo gerdd? Un gair o'i geg? Un waedd? Na.
Yn gryndod o resyndod y saif, dynned, daweled â'i delyn.
Ni ddaw, o'i drueni, ddim ond ebwch uwch y dibyn.

Drwy stŵr y storm, ofer i neb ofyn
yn ddwys heddiw, 'A oes heddwch?'
a'r adar angau bolgar wedi dringo
i hofran uwch y difrod.
Crefant am ddantaith llygaid y beirdd
a fu'n llygadu'u byd o dlodi, o oludedd,
yn oganus, foliannus am wledd, am lys, am werin a'i meirw;
beirdd gaeaf a haf hefyd, a'u geiriau ar dân neu dan gri'r don;
hil ieithgoeth athrylithgar,
ddoe'n ddeallus, heddiw'n ddeillion.

Ond a dynnwyd un adeiniog o afael y gyflafan,
yn obaith uwch y dibyn?
Gwennol neu golomen yn gennad
i wlad, rywdro, ailhawlio'i hedd?

A welir dan yr olew lun rhyw olau yn rhywle,
nes darganfod, drwy'r stori ganfas,
artist yn diawlio'i thristwch?

Na. Dim ond y nos sy'n moyn aros yn awr,
yn wachlyd yng ngwaedu'i machludo;
heth hir, heb wawr i'w thorri ar dir didaro;
yn lle'r sêr, nid oes dim ond swch uwch düwch daear.

Ie, yr un, bob tro, yw'r hanes –
digyfnewid yw digalondid y glyn.

Drwy adladd y frwydr waedlyd, mae'r sgwad yn ymadael
    o loddest yr hil-laddiad, am wâl Edward,
  yr arch-ymlidiwr, a thad llywodraeth dwyllodrus
    yr aer o Sais na fedrai air o Saesneg.
   I'r topyn sy'n y palas heno eir ag ail stori
      at un y crwt yn y crud –
      un y beirdd yn eu bedd.

Yn oriel yr hen elyn y saif yn syn o flaen diflaniad clwc ei wlad
    a aeth ar daith i'w thre-din,
    druaned, dristed â'i Chatraeth,
   hen alaeth, wylo a thaw ei Heledd,
   diddymder ei mwrdro yng Nghilmeri,
  a'i nâd o hyd o hyd am ei Glyndŵr.
Ai hyn oll fu ei siwrne hi, 'mond storom o hunandosturi?

    Â gefel ei gof fe wêl gyrff
ych-a-fi fel lluwchfeydd eira'n hen aros ar Eryri,
   neu gerrig y Cewri ar eu gorwedd.

Ai fe'i hunan yw'r cof unig ym mynwent sarn y meini,
    yn gryndod di-rym ar y garn drist?

Tyr delwedd drwy'i feddwl, arwed â llun yr oriel:
  yn rhwyd undeb Prydeindod y daliwyd dwywlad
    yn un paith uniaith, a'i lysenwi'n
      Englandandwales,
    a hi'r *wales* ar ddiflannu, bron,
   yn silcyn dinod i'r gwaelodion.

Ai dyma'r eiliad i ymwroli?
Ai'r saer maen hwn yw'r gŵr a groesa rimyn aur y gorwel,
yn weledydd y disgwyliadau?
Erys y cwestiwn dyrys heb i un enaid arall
yn yr oriel Brydeingar synhwyro'i feiddgarwch.

Ond wedyn, mor sydyn â saeth yn frath i fron,
a thagfa'i fogfa'n ei ddal fel feis,
tyn ei lodnwm o'i glogyn yn grynedig ei law,
ei gyfaill ym mhob argyfwng.
Un llwnc, ac fe deimla'r lles drwy'i waed ar redeg
mor rhydd a chwimwth â chamre'i ddychymyg,
i'w ddenu o'i ofnau duon, a'i hedfan i uchelfannau
entrychion gleision y gweld yn glir.

Fel Jacques Rousseau yn gweld ieuo dyn dan gadwyni –
yn rhydd o'r groth,
yn rhwym y rhawg –
gliried y credai'r gwerthwr siwgwr yn ei siop,
nes iddo wrthod i'w frodyr anwar daflu arian
y gwaed i'w gawg.

Nawr, yma'n yr oriel, nid arogl olew newydd a glyw,
ond gwaed glân ei werin, newydd oeri.

A'r Bardd sy'n y llun fel maen coffa llonydd?
Ni wêl ef awyr las, â'i lygaid, fel llygaid y lleill,
wedi'u dallu gan dywyllwch hiliaeth ddiorwelion.
Ni wêl ef o'i flaen, ond torri'i galon nes taro'r gwaelod.

'Paid! Paid â neidio! Dal dy dir!'
Llais fel trwmped yn pledio, yn diystyru'r distawrwydd.
'Cofia di'r brad yn Aberedw! Lladd Llywelyn
gan yr adyn Edward! Heria'r dihiryn a'i dwyll!'
Gan bwyll bach, mae'r orielwyr yn ymwroli
i erfyn ar i'r dyn dwl ymdawelu.
'*Now, listen here!*' mynte rhyw lais yn heriol.
'Na. Dal di dy dir! Eilia gân ar dy delyn!
Rho dor ar y felltith o'r dwyrain!
Ac islif iaith fain y Saislifiad! Ti yw ein tôn a'n tant!
Ein bardd yn erbyn y byd! Ein llef uwch adlef! Ein chwedl!'
'*Quiet! Be quiet, you cad!*'
Afraid yw'r galw i gyfri.
'Diawl! Chaiff neb 'y nistewi i!
Am ry hir bu Cymru ar hast i roi'i thaw ar ei hiaith ei hun!
Un ddi-ddweud, wan, ddihyder yn sleifio i'w chilfach mor
slafaidd, yn werin ar ddeulin ei Sais-addoliaeth! Dewch i'r
angladd wedi'r hunanladdiad! Y llyffant Wil Pwll Uffern!
A holl blant Alis y Biswel a'u *noblesse oblige*! Yr iolyn Siôr
a'i delynor di-lun! Hyd yn oed y Deud-neudwyr! A'r Saeson-esgobion
sgi-wiff a nam eu pla ym mhob plwy …!'

Yn ddisymwth, mae e'n Ned gwrthodedig
ar ei ddeulin ar bafin hen bont afon Tafwys.
Cwyd arogldarth ei charthion fel ffrwyn am ei wefl a'i ffroenau;
ni all cyffur ei gysuro, na'i sadio rhag ei leng arswydion.
Wanned â brwynen, a byr ei anadl,
tyn ei draed tano a rhoi'i bwys ar y bont,
y bont biwr a'i hudodd i adael
ei dylwyth a'i wlad, i'w hailadeiladu.

O'i afon atgofion, fe gyfyd i'r wyneb ei ran yn yr hanes.
Saer maen yn consurio meini i gryfhau bwâu rhagoraf y byd!
Crwt o Drefflemin ddinod yn ddewin pont decaf y ddaear,
yr eicon i'r Saeson yn oes oesoedd!
Ac fe'i trewir gan don anghynnil o gywilydd,
yn diarhebu ei ran yn stori Westminster Bridge.

Ond daw un don arall i'w herio: y cof iddo'n llanc feddwi
ar rin ei eiriau ei hunan nes i'w fyw droi'n ffars fyfiol.
Llethid ei annedd, bob llathaid ohoni
gan ddidoreithrwydd gwarthusaf, enbytaf y byd.

O'r llofft i'r llawr, o'r to gwellt i'r gràt gwag,
anhrefn driphlith draphlith fel llwyni drain;
hofel hyd y fyl â diofalwch
hen felin neu efail wrthi'n dadfeilio.

Ac yno, i'w plith, geni plant,
a'u codi drwy'r cawdel
gan fam wedi dwlu ar ei thyaid –
a'i gŵr, fel arfer, 'gered.

Ei thlodi'n ei gorfodi i loffa am fwyd,
i hela mor anifeilaidd â chadnöes ar starfo'n y Fro fras,
ac i godi briwfrig, i gadw un llygedyn unig o wres yn y gràt.

Bu ond y dim i annibendod damwain
esgor ar storom lidiog waeth na thlodi.
Dan bwysau llyfrau, syrthiodd y llofft yn glwriwns i'r llawr
a'r trwch o lwch yn troi'r plant
odano'n wyllt yn eu hofn.
Daeth cariad i'r adwy: y fam adlamog
yn eu halio o waelod y rwbel, fel eu codi o fedd.

Ond bu gwaeth: alaeth colli Lila; marw eu merch;
artaith yr hirdaith sha thre; a'r cur wedi'r cyrraedd.

Bu'r angladd; roedd Lila wedi'i chladdu.

Rhaid cloddio, beiddio ailagor bedd,
er y dolur i'w dylwyth,
a galar arwyl echdoe'n boen byw o hyd,
rhaid twrio, rheibio pridd y briwdod
â'i gaib a rhaw ar redeg ar wyllt, lawr at yr arch.
Rhwygo'i chlawr ar agor; rhyfygu codi cwr y lliain ...
ni wêl ei Lila; nid hon mohoni; un ddi-wên, hon, ddienaid,
ddilygaid, ddi-liw; wyneb mynor, mud fel o law saer maen.

Gyr y bardd, wrth gau'r bedd, ddelwedd frawychus o'i feddwl:
hud y gorwel, ar amrantiad ei gyrraedd, o raid a baid â bod.
Bu colli'i Lila fel gorwel ar gered, neu'r aur dan fwa'r arch
yn driblo fel us drwy balf ei law.

A'r afon wedi'i harafu gan gusan ton-lanw,
cofia'r troeon i'r Iorddonen anniwair ei ddenu,
i fynd o'i ofid i'w chafn dwfwn.

Ond er ei dario, nawr, yng nghwlwm ei gwman,
fel un am ddiflannu, ragor, i'w gragen,
a'i hala lle mynno'r môr marwol,
heria'i hunan-dwyll gan bwyll bach
â phŵer balchder hunan-barch;
ac â hyder tebyg i Wydion,
rhed ei fwriadau chwimed â phen draw dychymyg:

Copïo, ysgrifio llawysgrifau a fu 'ar goll' dan lwch llyfrgelloedd, a'i archwaeth am gasgliad cenedlaethol fel ysfa'n ei fwyta'n fyw. Rhodio caeau i archwilio mathau amaethu; galw am goleg a'i anadl ethos yn rhyng-genedlaethol; selio hanes ei hil ei hunan ar fap puraf ei fyd rhag i goch y Sais ei drochi; dodi ei wirionedd mewn trioedd a'i arabedd mewn diarhebion; ymroi i roi, i'r Gymraeg, ragor o anrhegion iaith-garwr a'i fathu geiriau, a'u nawsu â'i hoff Wenhwyseg; mynnu lle ar y maen llog i'r Eisteddfod; datod dwrn y Drindod â'i Undodiaeth ac â dirnadaeth nod cyfrin saer cyfrwys ei gymesuredd; brolio tlysni ei driban Morgannwg; procio Rhys Goch ap Rhicert i ôl-leisio o bellter y Canol Oesoedd urddas ei rieingerddi; a dewino ei Ddafydd i adennill hen fri llys Ifor Hael.

Af o lif afon hyn o'i hanes,
o'i ddibendrawdod gwybodaeth,
yn bererin i Drefflemin, at ei fflam,
ac at orwelion rhithiol chwedloniaeth.

At yr anwel y tu hwnt i'r rheiny
yr af, i'r tir nas rheolir gan realaeth,
meysydd yr amhosib:
o'r arlwy yng nghaer Harlech
a'r saith mlynedd o wledda
unnos, gwelaf ar Ynys Gwales,
seithwyr galar na fedrant alaru
gan nad oes na doe nac echdoe ar gof;
ymlonnant am bedwar ugain mlynedd,
eu dyddiau a'u horiau hyfryted o araf â heddi-a-fory;
ond wedyn, ar ôl derbyn unwaith arlwyad Arberth,
ac ar yr Orsedd, eistedd wedi'r gloddesta,
ar dwrw cryfach, chwimach na chwap,
deifiwyd Dyfed;
milltir ar filltir o frastir yn falltod
o dir wast wedi'i drin
â chamwri dihirwch mawr didaro.

Fe ŵyr y bardd gyfarwydd
sut i ddatruso sagâu'r amhosib,
nes dweud ei wir yng ngwres ei stori,
a chreu'r rhaid wedyn i'w chredu.

Ar ben hynny, anadlu o'r chwedlau
neges Culhwch i'w galonogi:
'Y mae hyn yn rhwydd i mi, sàch y tebygi di nad yw.'

Y bardd yn erbyn y byd,
medrai ei fflam o Drefflemin
gario'i feiddgarwch i oleuo'r fagddu dduaf:
mentro'i ganeuon i'w Euron, ar antur ei charu;
beiddio arwain barddas i luddias caethwasaeth,
ac ymddiried tegwch ei heddwch i dderwyddon.

Meysydd amhosib y rhain, ym mron, hyd yn oed i Wydion:
ennill calon Euron â'i nwyd, er oes o'i cham-drin;
denu adynod byd busnes i anwesu caethweision;
a'm dihuno innau i weinio awch
fy nghledd yn yr heddwch
a gywira fy rhyfelgarwch.

Y gŵr a welai drwy rith gorwelion
a hôl i'w Fro loyw firi'i halawon,
arch-gafflwr, naddwr y cynganeddion,
a phrif ramantydd mythau'r derwyddon;
ond, dan ormes traed estron y gwelai'i
wlad, ac wylai o waelod ei galon.

Mor ddiarbed, pallai'r Cymro dderbyn
gwae llaw hiliol am dagell Llywelyn
na swch diobaith uwch düwch dibyn –
Edward gastellog na'r bardd daeogyn;
drwy'i hyder, rhoiai wedyn addewid
y Bardd Rhyddid i'w herlid o'r darlun.

Ac i'w harwain i greu ei hunigrywiaeth
drachefn, drwy'r gorwel i'r anwel yr aeth
at wlad a alltudiwyd o'i threftadaeth,
heb ei henw iawn, heb ei hunaniaeth.
A ddeffra'i chwedl y genedl gaeth honno
a'i herio i hawlio ymreolaeth?

Er cof am Geraint Jenkins
Prif hanesydd Iolo Morganwg

Er gwaetha'r sen cynhenid wenwynodd
    frenhinwyr i'w erlid,
  ei Iolo ef ddaeth heb lid
  a chreu heddwch a rhyddid.

Diolch i Gwenan am gadair 'Gorwelion'

Roedd cynnwys afon Conwy'n
dy dderi'n rhoi i fi fwy
na hedd o eistedd; bydd hon
yn realaeth o orwelion
perfeddwlad gyraeddadwy
ym marn dy edmygwyr mwy;
o awen derwen y daeth
o'r newydd hen saernïaeth.

Cadair Osian

Osian, cefaist ddiddanwch o ennill
    hon, ond wedi'r elwch,
  holir yn ei thawelwch
  traws, pam trowd lliaws yn llwch?

Perl

I ddathlu urddo Mererid yn Archdderwydd,
27 Ebrill, 2024

Ymddiheuraf am na fedraf fod
yn rhan o ddefod dy goroni.
Fe fydd honno'n un braf o haeddiannol
oherwydd dy deyrngarwch diddiwedd
i'r heddwch y gweddïa dy Orsedd am ei gadw.
Dy bleidgarwch i heddwch
yw ein hyfrydwch unfrydol.
Drwy naws dy deyrnasiad
boed i gadoediad nadu'r
anhrugarog rhag creu hafog rhyfel.
Rhoed iti gariad i ateb casineb
â sain awenus dy gynghanedd
geinwych ei dawn i ganu yn ei chadwyni.
Ac yn wyneb haul, ni fydd golau
dy egni'n pylu – y golau teg a huliaist
eisoes â dy wên o ffenest Lluest Wen.
Er i arswyd yrru iasau'i storom
gan addo machlud y byd â bom,
byddi di o hyd yn Fererid ddi-fraw;
i'r wain yr ei â'r cledd bob tro.
A harddwch dy ble am heddwch
fydd perl ein meddiant.

Hwiangerdd mam yn Gaza

Pan â'r haul dros ben y bryn
ca' dy lygaid bach yn dynn.
Cei gwtsho'n esmwyth yn dy grud
a boed dy fyd yn wyn.

Pan ddaw'r nos dros ben y bryn
bydd y lloer yn codi'n syn
a'i llygad llawn yn gwylio'r Arth
yn hofran parth â'r glyn.

Pan ddaw'r Fawr i lawr y glyn
cheith hi'm mentro mewn fan hyn
i d'wyllu lloer dy wyneb tlws.
Bydd bollt y drws yn dynn.

Pan ddaw'r wawr â'i fory gwyn
agor di dy lygaid syn.
Diflanna'r Arth a'r lloer o'r nen.
Bydd haul uwchben y bryn.

Mae môr rhy hyglyw yng Nghwm yr Eglwys

Lle roedd pob cartre yn lleol, a thraeth
    llanw a thrai cymedrol,
  mae'r ofn na fydd dim ar ôl
  y llanw hyll wahanol.

Y Brit, y Brexit a'r Brawl

Ei nef yw ei Brydain Fawr, a di-baid
    y bydd ei frawl pwysfawr,
  trechaf, ond ofnaf y daw
  rhyw wasgfa i'w frest rwysgfawr.

Cyd-weddi â'r eithafwyr

Y hi Gaersalem yr emyn, a'i chloch
    lem gnulia'i gorchymyn
  at Gymro: 'Boed dy Gymru'n
  eglwys goch a glas a gwyn.'

Byw mewn gobaith

Heb wawr y diwrnod byrraf, a'i oerfel
    anorfod bob gaeaf,
  ni ddeuai'r undydd hwyaf
  i hwylio'r haul oriau'r haf.

Ymgeledd gweddi

Agor ffin y gorffennol â gofal
    am gof heb bresennol.
  O am rithio dyfodol
  o fwynhau cael cof yn ôl.

Y wawr

Araf yw hi i wawrio, ond eto
diatal yw'r deffro
a glywaf; mae'n goleuo.
'Rôl ymbil arno i gilio o'n golwg,
elwch fydd noswylio
heb enllib y Bwci Bo
benodwyd i'n harswydo â hunllef
cynllwyn ei reddf goncro
i wlad odde'i machludo.
Ond â gwarant y gwawrio fory, daw'n
fore da pan gaffo,
ei hun, heulwen i'w hawlio.

Glan-rhyd

*Dathlu gosod plac ym man geni Dylan Thomas,
13 Mai, 2022*

Gwirionedd, drwy drugaredd Shir
Gâr, a roes, yng Nglan-rhyd, gred
i greu stori un o gewri allgarwch.

O ofal ysgol Ffrwd-y-fâl, esgyn
i athrofeydd Y Presby a Glasgow
fu'i hanes – a nabod y dyn, Iesu.

Ac er ei sarhau wrth groesi'r rhyd
yn ysgymun, daeth at y Smotyn Du
i weithio gwaredigaeth i Geredigion.

Yn ddi-rym i erlid Gwilym Marles
â chynllwyn dial Llwynrhydowen,
'nôl i'w pluf âi peunod Alltyrodyn.

Ei nai a'i rhoes yng nghof 'Glan-rhyd',
yn her i'w or-nai hyderu o'r newydd,
y dôi yn ail don i anwylo dynoliaeth.

Ffwrn Oer

Ar ymweliad seithug â Fern Hill

'... the owls were bearing the farm away'
Dylan Thomas

Wedi agor clo'r iet fawr, cael hawl mynd i'r clos,
ac aros yno'n dawel, lonydd, yn ôl pob golwg,
ond ei du fewn yn hedfaniad o ddisgwyliadau:
dod dan ddylanwad ffuglen egnïon awen nai,
bod yn y man lle bu Ann, cyn ei rhoi'n ei bedd,
yn garreg nadd ddeg a thrigain oed, a'r cadno
yno o hyd yn syched y rhedyn; yna, cael trafaelu
gyda'r nai trwy'r trefi afalau, heibio i odrwydd
hobi Idris, mewn sgubor yn ei siwt Sul orau'n
dwlu ar esgus crogi Dylan; cyn, wedyn, i'r nai
daro ar dric ei wncwl o drwco un bach o'r twlc
am beint, i'w yfed yn ôl defod unol ei dafarn!

Ond y dydd yr aeth ar daith i ddod i'w nabod
yn well, ffarm wedi ffoi i'r nos oedd Fern Hill,
fel 'se dychymyg y gân eiconig wedi'i nacáu;
y dihengyd ingol a gadwai oed â'r gwdihŵs.
Mae'r tŷ, a arferai siglo ganu, wedi'i hen gau,
a hwnnw ei hunan yno yn awr â'i gragen wag
yn garreg nadd i gofio llencyndod a gollwyd;
ni anwyla tywysog y teisi fyth eto'r gwenoliaid
gan i'r sgubor ei hunan, fel anwedd, ddiflannu.
Trasiedi yr ydlan yw bod to'r sied oer, rydlyd
yn darged agored i bob cynnig dieflig o wynt,
a'r hen wageni wedi colli pob cof am ric wair.

Gan i'r fangre gael ei dodi i ddiodde dihidans
heb ei debyg, nid oes ynddi hi arlliw o groeso.
Ni cheir allwedd i'r orsedd lle bu corff yr anti'n
gorwedd ar goedd, i'w nai, Dylan, ei farwnadu,
fel un o feirdd yr uchelwyr. Ond yn lle cymwynas
eu hurddas hwy, fe ddaeth nihilistiaeth Philistia'n
wast di-wahárdd, yn rhy rwydd, i'w hanwareiddio.
Heddiw, y mae Fern Hill mor ddiddim â ffwrn oer
heb na megin na chegin chwaith. Dan iau'i aros
ar y clos, clyw allweddi'n cau cloeon iet ar ôl iet
i'w atal, eto ac eto. Ni all yntau ond ildio, a dyheu
y bydd dydd dod â hud yr Ail Don yn ei ôl i Fern Hill.

I Ynyr Williams ar ei ymddeoliad

Ei awgrym ef oedd defnyddio'r ymadrodd Shirgaraidd
'yn y dechrau'n deg' i agor Dan y Wenallt

A dechrau'n y dechrau'n deg,
a hwylio dau i goleg;
man eu cael mewn i un cwch,
ei athro, o'r dieithrwch
gwreiddiol, ddechreuodd holi
yn eger iawn, bedigri
y Gog; roedd llu'n darogan
aml i wledd o'i lwyddiant 'mla'n.

Fe drodd ef o dir Hedd Wyn,
wedi troedio trwy'i redyn
sobred â'i Draws, obry, dro;
ei weld rhwng deugae Waldo'n
diolch am gydiad awen
a gwyd gwennol 'nôl i'w nen.

I'r gad yr aeth â'i radio'n
creu dramâu o frwydrau'i fro
a'i wlad; i'r gad er y gwir,
tra'i annel at yr anwir;
bu'r ornest dros onestrwydd
iddo'n sêl, yn ddawn i'w swydd.
Ond heddiw, 'mla'n mae'i Ganaan;
daw mwy o'i law yn y man.

Waldo, y bardd-arddwr

'Waldo oedd y gŵr tebycaf i sant a welais i erioed ...'
Alun Llywelyn Williams

Erioed bu dau yn yr ardd,
dau annhebyg, o'u hadnabod;
mor anghymharus â gwawr a gwyll,
neu bigad dynad dienaid a chael
iachâd eli haf deilen dafol.

Roedd y ddwy natur ddynol
belled â phlanedau yn Eden;
dau enaid a'u hannel mor
wahanol; un, yn fythol ei Fall,
a'r llall, yn lliniaru ei llid.

Ond nid yn Eden yr aeth hi'n frwydr
rhwng y ddau; nid oedd y gau
a'r gwir yn rhan o'u hanes cyn y Cwymp.

Â hwy ill dau dan dynged eu halltudio
i grwydro daear od o dywyll,
ple y gwelid cyrff plant Abertawe a Corea,
bu hi'n wyneb yn wyneb i'r byw.

O faw o fyd, bu i Gymru gael pridd gardd;
ac aed i'r gad â gwên Cariad, i'w chadw
rhag ei difa gan ddrwg y diafol.

Aeth y bardd-arddwr ati'n ddiatal
er ennill, o'r anial, lain werinol
na ddinistrid gan wahadden estron;
ac roedd ei chwynnu a'i balu di-baid
i wythïen y ddaear â'i obaith, yn ddiarhebol.

Wedyn, heblaw geiriau fel coed yn blaguro
a mur y Gymraeg a'i 'Gymru Rydd'
yn gefn, dug ei wir Waldo i gell;
roedd ei wneud fel ei ddweud yn hardd,
ddi-ofn. Hon yw stori'r sant yn ffusto'r sarff.

Ymhlith lluniau cyfrol Jâms Niclas, Bro a Bywyd Waldo Williams, *gwelir llun (rhif 44) o Waldo yng ngardd Lluest, Castellnewydd Emlyn. Tŷ Llwyd oedd enw gwreiddiol y tŷ, ac fe'i hadferwyd gan fy rhieni wedi eu hymddeol iddo o ffarmo Parc Nest. Yn yr union ardd honno yr honnodd y diwygiwr, Evan Roberts, iddo weld un noson, drwy niwl ffenest ei lofft, neb llai na Satan ei hun.*

Cywydd i Arwyn

Mwy Nag Un Llwyfan, *hunangofiant Arwyn Thomas, cyn-bennaeth Ysgol Maesyryrfa, cricedwr ac actor*

Cof Arwyn y cyfarwydd,
yr actor a'r athro rhwydd
ei wers hiwmor, sy' yma.
Swydd ddi-dwyll hanesydd da
fu'i faes, ac fe safai e
dros ethos iach y Pethe.

Mor enwog yw ym Mronwydd
am ddod yn Fotham ei ddydd:
o'i law, saethai'i bêl ar lain
griced yn fwled filain
heibio i'r bat, nes bo'r bêl
yn rheibio'r stwmps yn rwbel.

Ac yna, mae ef hefyd
wrth ei fodd gan rith o fyd
mewn dramâu'n ymwneud â'r myth
ddatgêl ddeutu gwehelyth,
ar oleddf o'r lleddf i'r llon,
rhwng hwyl a 'thorri 'nghalon'.

Ei gamp oedd ei Estragon,
rhyw greadur â'i gredo'n
ei gynnal rhwng gwamalrwydd
rhoi'i drasi-gomig i'n gŵydd,
neu ildio'n gudd i faldod
â'i dduw, fydd o hyd ar ddod.

Llongyfarchion i'r Athro Sioned Davies ar gyrraedd oed yr addewid

Enwogaist y Mabinogi â'th waith
    a'i hud i rifedi;
  at hyn, i'th geraint, rhoet ti
  lawenydd dy haelioni.

Er cof am Arthur Gwynn
Aelod o gerddorfa Cwmni Opera Cenedlaethol Cymru

Tawel yw tannau'r *cello*, heb yr un
    i barhau i fwytho
  atsain cainc nad â o'n co'.

Er cof am Robert Price
a lysenwyd yn Dixie ar ôl Dixie Dean,
canolwr blaen enwog Everton

Fel i gymar rhof ffarwel; i dwrne
    gadarned â metel;
  rhannwr barn a yrrai'i bêl
  union, mor driw ei annel.

Elin ap Hywel

Diolch am grefft ei hawen.
Deil i fod fel adlef hen
o stori'n llais drwy ein llên.

Cam ceiliog

Â'r gaeaf yn creu'i hafog – i werin
  fel eryr drycinog,
 mae Calan yn gam ceiliog
 tuag at adfent y gog.

Calan 2021

Mae Calan yn gam ceiliog at wanhau
  cwt y nos hiroediog;
 tyr y wawr yn gynt bob tro
 gwyn, wedyn, yn odidog.

Pwyso a mesur

I eraill y bo'r glorian y rhoddir
    ynddi'n rhwydd bob carfan
    dda i ddim yn ddiwahân;
    rhy anodd yw rhoi'r hunan.

Pobol y Cwm yn 50 oed

Ein Sebon, heb un seibiant, bu wrthi'n
    brif borth i'n hadloniant;
    dathlwn ben blwydd holl lwyddiant
    cwmni'r Cwm yn hanner cant.

Ymorchestion y Donald

Wyf ddifai, wyf ddihafal; daw men'wod
    â'u miaw'n ddiatal;
    wyf lew i'w mwytho i fewial
    yn daer, pan wyf fi'n eu dal.

Awst y tenor
I ddathlu hunangofiant Aled Hall,
O'r Da i'r Direidus

Y mae gwres dy hanes, denor, ar led
    Rhiw-lwyd a'i hoff dymor;
   o nabod ei lond sgubor,
   cyngerdd dy angerdd di-dor
   dry wres Awst hael yn drysor.

Ynys

Yr hen fwrn o fyw arni gerllaw Lloegr
    â'r llif Saesneg drosti
   yw'n gwir reswm dros groesi
   at draeth ein hunaniaeth ni.

Gofid 2020

Y wŷs yw ymynysu, a dala
    dwylath rhwng ein gily';
   atal lluest mewn gwesty,
   a gwahárdd mynd at Mam-gu.

Paham mae dicter ...?
21 Hydref, 2016

O glywed eto stori clwyfo Aber-fan,
fe'm llethir dan orlif o gwestiynau.
Paham y symudodd y pyramid trahaus
a'i drymlwythi o wlybaniaeth wast
oered â'r nant y rhedai'i düwch odano,
tra oedd cloc yr ysgol wrthi'n cerdded
ei dic a'i doc didaro heibio i naw y bore,
a'r plant newydd arddel eu henwau,
a hynny ar drothwy eu hanner tymor?
Ar ôl ailddiodde siwrne'r hanes heno,
mae dicter arall, dwfwn yn fy mlingo.
Pam, ddewrion y Rhondda,
yr arddelir enw diawl y traha
ar dafarn eich Tonypandy,
ac ar ysbyty yn eich Treorci?

Galar

*Mewn cydymdeimlad
â Gŵyl Fawr Aberteifi, 2018*

Emyr Oernant, mae'r oerni'n wahanol
    heno'n Aberteifi'n
  nhalwrn ei chlêr, ni chlyw hi
  dy adloniant eleni.

Er cof am April Wiggins

*Cyn-bennaeth Ysgol Gymraeg Y Fenni
lle bu tri ŵyr yn ddisgyblion*

Chwimed yr awch am ymdrochi, – nofiodd
    ar lif y dadeni
  o Fryn Onnen i'r Fenni
  ym môr cŵl ei Chymraeg hi.

Hybu anobaith

Mae'n wyll ar fy niwylliant; llyfyrgell
    fy argoel yn fethiant;
  mae'n groes graen i ildio grant
  i genedl ddiogoniant.

Y gwir yn erbyn y gwarth

Sais uchel ddaeth i Sycharth i daro
    Glyndŵr mor anniwarth;
  heno, rhoi trysor Peniarth
  dan glo gan Gymro yw'n gwarth.

Cain a'i Oligarciaid

Storïau cas di-dor Cain, yn eu holl
    orffwylledd gorfilain,
  yw'r cur ar wyllt drwy Wcráin;
  ond, Oligarciaid Llundain,
  sgemio'u rhwysg y mae y rhain.

Mamau'r Nadolig

Nadolig diddig 'slawer dydd
oedd bod heb wybod dim
o werth am boen meddwl,
nac am weddi wedi'r golled,
a'r gollwng gafel ar dawelwch.

Rhôi ei chrwt ei fryd ar whare,
a gwirioni ar agor anrhegion
drud, di-ri heb gyfri'r gost
na'r gofal o baratoi ar gyfer
dathlu'r dydd a'i gelwydd
gole. Ei Nadolig oedd dwlu
ar lego a choelio chwedl.

Ond, tu cefen i'r llenni,
mynnai drama wahanol
le i'w llwyfannu: stori
rhwng y gwir a'r gau am
fam a ofnai fod heb fab;
yn ddiau roedd arwyddion,
yn hanes ei eni, y gallai ei
golli; treth taith faith i fab
a oedd, unrhyw ddydd nawr,
ar ddod yn rhydd o'r groth.
A fyddai can milltir o siwrne'n
rhy hir a gorarw i gario Iesu
ar asgwrn main gwar asyn?

Yna, deir â thro arall i'r stori:
heb le 'Methlehem i Mair
gael cysur gwely, am fod
pob llety'n llawn, aed â hi
i'w eni dan do, ar siawns,
i ryw sied, â'i hochrau'n
agored i'r pedwar gwynt.

Darllen twist arall yn hynt
ias y stori: yr adyn Herod
yn aros ei dro i fwrdro cryts
di-ras, a heriai rym ei seren
i hawlio ei lle uwch Jiwdea,
ac i oleuo glan Môr Galilea.

Ond ryw nos, ar ei deyrnasiad
anwar, fflachiodd y seren arall –
ei thaith o'r dwyrain yn wyrth
ddieithred â deryn yn croesi
pellteroedd; seren od y geni –
serch ei dileu, deil i'n goleuo.
Er hyn, ni cheir yn y chwedl
unrhyw gais i osgoi cur y gwir.

Y mae i'w haur, ei thus a'i myrr,
y tair anrheg, bob un ei neges.
Aur yw'r arwydd o'r her a roir,
ymhen amser, i fileindra Herod;
arwydd yw'r thus o eiriol ar ran
eraill; eneinio'r marw a wneir â myrr.

I Mair, y myrr yw marw ei mab;
er ei halltudio ar wyllt odre i'r Aifft,
   a'i thwyllo dro i'r tywydd droi,
   stori'r myrr a'i storm a'i heriai
   o hyd, o'i dychwelyd, i chwalu
   anrheg ei chroth ar Golgotha.

Marw tywyll ei chrwt fu'i chroes.
Marw cas, annhymherus, a Mair
   mwy'n forwyn-fach dda i ddim
   ond i'w thowlu fel bru i'r brain.

A'r fam arall? Ei chroes fu marw
ei chrwt hithau mor swta; y ddwy,
   yn un â'r fam ddaear, yn gorfod
   cymodi â rhaib ronc eu cam-drin.

Heddi, ddydd ei Nadolig anniddig,
mae hi, a'i gweddïau heb eu hateb
eto, yn sarn, fel y darnau coll, unig,
   datgymaledig o lego ar lawr ...

Anrheg o fyw

Hawl wyrion
yw dwlu ar Nadolig,
ar ei stori geni egnïon,
ei hwyl a'i wala,
a'r gred ym mhresant Santa.

Ond â braw yn yr awyr,
oered â bwlio Herod,
mae pethe'n wahanol eleni.
Mae gan Tad-cu a Mam-gu
un awydd – cyfnewid
yr anrheg o fyw
adeg eneidiol y Nadolig.

Ac yna, daw gwanwyn
a'i obeithion i'n digoni
â'i gynhaeaf o egnïon.

Yr amod

Ma' hi wedi 'mlino i ers rhai blynydde
ond heddi yw'r tro cynta' ifi gyfadde
yn wyneb pob houl a llygad goleuni
bo' fi'n colli cwsg o achos y dwli.
Ma'r grefft sy'n geinder mor ddiledryw,
ac ymhlith y creffte'n un unigryw,
yn ca'l ei diraddio i'r fath radde
nes ei bod hi dloted â hapchware.
Y grefft a achubodd Cymru unwaith
rhag colli popeth o'i hunaniaeth
pan laddwyd ein tywysog dwetha'
gan ryw Saeson mewn ymladdfa
ar bwys Cilmeri ar lan afon.
Rhag ildio'r cwbwl mewn torcalon,
a gweld dim byd ond gwlad anniben,
fe fynnodd beirdd sefydlu trefen
i gadw'u hunan-barch a'u hundod
drwy roi'u ffydd yng nghrefft cerdd dafod.

Ar dir anial anghyfannedd
blodeuodd gerddi o gynghanedd.
Ond mae rhywrai am ddishmoli
yr union grefft a achubodd Cymru.
Hefyd, y ma'r amod yn datgelu
diffyg hyder beirdd sy' am ganu
heb eu ffrwyno gan gerdd dafod,
a bod eu safon nhw'n anorfod
yn is nag un y cystadleuwyr
sy'n haeddu'u henwi'n gynganeddwyr.

Yn sgil eisteddfod ddwetha'r Bala
a champ y prifardd sy'n meurynna,
aeth rhywrai ati i benderfynu
shwt wedd gwahardd cynganeddu.
Sa' i'n gweud llai, wedd rhaid diffinio'n
glir y gwa'nieth rhwng cynhyrchion
y beirdd caeth a'r rhydd, ond ma' amod
y pwyllgorwyr twp yn annibendod:
dim ond cynghanedd sy'n ddamweiniol,
neu'n anfwriadol, sy'n dderbyniol.

Fe gwyd sawl cwestiwn wedi'r amod.
Shwt all y beirnied honni nabod
llinell dda'th yn llwyr ddamweiniol?
A wes athro mewn ysgol farddol
sy'n ddigon call i'w dadansoddi
a dod i'r farn mai damwen yw hi?
Wy'n ame'n fowr a alle Mererid
neu Tudur Dylan gyhoeddi dedfryd
ddiamwys ar y mater. Neu wedyn,
sain anfwriadol gan fardd arobryn?
Cymerer, er enghraifft, linell 'da Manon
ym Meifod, yn nilyniant y Goron:
'... yn gwibio heibio hebof ...' Ai damwen
yw'r gynghanedd sain gytbwys ddiacen?
Wrth ofyn shwt gwestiwn amdani,
beth arall a wneir ond ei dishmoli?

Ond dewch inni nawr roi ystyrieth
i un o linelle mowr ein barddonieth:
'daw'r brenin alltud a'r brwyn yn hollti' –
cynghanedd gre' sy'n cloi un o gerddi
rhydd cryfa' Waldo. Mor drist o ddoniol
iddo fe y bydde ei galw'n ddamweiniol!

Nid canu ambell linell gaeth yn ddifwriad
yn ei ganu rhydd, ond dilyn traddodiad
y Canu Rhydd Cynnar oedd Waldo.
Ein c'wilydd fydde gwadu'r gelf honno.
Er mwyn gwaredu gwarth yr Eisteddfod
awgrymaf y gellid newid yr amod:
'Croesewir cynghanedd yn achlysurol
yn null y canu rhydd traddodiadol.'

Yn dilyn coroni Ceri Wyn Jones yn 2009 am ddilyniant o gerddi mewn cynghanedd gyflawn, ceisiwyd gwahardd hynny wedyn drwy osod yr amod a ganlyn: 'Caniateir cynnwys ambell linell ddamweiniol neu anfwriadol gynganeddol mewn gwaith a anfonir i gystadleuaeth y Goron ...' Mae'n debyg y ceir amod newydd yn 2018: 'Caniateir cynghanedd achlysurol iawn'. Sgrifennwyd y gerdd hon cyn mabwysiadu'r amod newydd. Gobeithio y bydd hi'n esgor ar drafodaeth bellach ar y pwnc gan nad yw'r amod newydd, yn fy marn i, yn llwyr ddatrys y broblem.

Diolchiadau

Gyda golwg ar y cymorth cariadus a gefais wrth baratoi'r gyfrol hon, mae fy nyled yn enfawr i fy nhylwyth: fy ngwraig, Manon, fy mrodyr, John Gwilym ac Aled, fy meibion, Tegid a Bedwyr, a fy llysblant, Owain a Llio; a thrwy gyfnod y cyfansoddi, bûm yn ymwybodol o ysbrydoliaeth annwyl fy wyrion a'm hwyresau: Daniel, Mathew, Gruffudd, Jo Jo, Hopcyn, Dyddgu a Martha.

Ymddangosodd rhai o'r cerddi mewn blodeugerddi, a gwerthfawrogaf wahoddiad y golygyddion. Diolchaf hefyd i olygyddion cylchgronau *Y Faner Newydd* a *Golwg* ac yn arbennig, *Barddas* (gan amled y digwydd dan olygyddiaeth gyson o hael Twm Morys), am roi golau dydd i fy ngherddi.

Carwn ddiolch o galon i Gyhoeddiadau Barddas am gyhoeddi'r gyfrol hon, i Bethany Celyn, Golygydd Creadigol Barddas, am graffter a gofal arbennig ei golygyddiaeth, ac i Peredur Lynch am wers hanes ar gyfansoddi yn y wers rydd yng nghystadleuaeth y Gadair genedlaethol; carwn gydnabod, hefyd, mai cyd-ddigwyddiad yw'r tebygrwydd rhwng teitl ei gyfrol *Caeth a Rhydd* a theitl fy nghyfrol innau. Mae fy niolch yn enfawr, yn ogystal, i Huw Meirion Edwards am ei gywirdeb arferol a'i sylwadau adeiladol.

Ac â balchder tad-cu, diolchaf i fy wyres, Dyddgu Gwenllïan (nad yw ond yn 14 oed), am gynnig y syniad gwaelodol ar gyfer cynllun y clawr. Ffrwyth ei gweledigaeth a'i chrefft hi yw'r allwedd-garu drawiadol sy'n datgan bod cenedligrwydd Cymru yn allweddol i fudiad rhyddid personol rhag unbennaeth, a rhyddid cenedlaethol rhag imperialaeth, a bod hwnnw, bob amser, ynghlwm wrth gariad. Diolchaf hefyd i'r dylunydd, Dafydd Owain, am ei fywiocâd celfydd o'r clawr; ac i Tanwen Haf ac Olwen Fowler am eu gwaith hwythau.

Y mae fy niolch pennaf i fy nghyfaill Rhys Dafis am safon aruthrol ei arweiniad creadigol. Oni bai am ei gymorth rhyfeddol o hael ni fyddai'r gyfrol hon wedi ei chyhoeddi.

Cydnabyddiaethau

'Adwy', *Cyfansoddiadau a Beirniadaethau Eisteddfod Genedlaethol Cymru, Maldwyn a'r Gororau*, 2015.

'Angen adfer hen arfer Barddas', *Barddas* 337, Gwanwyn 2018.

(Hefyd *Barddas* 345, Gwanwyn 2020, t. 33 – 'wedi clywed am Garlo yn dianc rhag y pla')

'Anrheg o fyw', *Barddas Bach y Dolig*, 2020.

'Awst y tenor', *Barddas Bach y Dolig*, 2022.

'Byw mewn gobaith', *Barddas* 352, rhifyn y Gaeaf, 2022.

'Cadair Osian', *Barddas* 336, rhifyn y Gaeaf, 2018.

'Calan 2021', *Barddas* 348, rhifyn y Gaeaf, 2021.

'Cam ceiliog', *Barddas* 326, rhifyn y Gwanwyn, 2015.

'Cariad milwr', *Barddas* 330, rhifyn y Gwanwyn, 2016.

'Cof y dail', *Inc yr Awen a'r Cread*, gol. Rhys Dafis (Cyhoeddiadau Barddas, 2022).

'Cofe, T. Llew', *Y Faner Newydd*.

'Culhwch a'i Olwen', *Yr Awen Drwy'r Storïau*, gol. Mari George (Cyhoeddiadau Barddas, 2020).

'Cyd-weddi â'r eithafwyr', *Barddas* 349, rhifyn y Gwanwyn, 2021.

'Cywydd i Arwyn', *Barddas* 351, rhifyn yr Hydref, 2021.

'Diolch i Gwenan am gadair "Gorwelion"', *Barddas* 343, rhifyn yr Hydref, 2019.

'Elin ap Hywel', *Barddas* 347, rhifyn yr Hydref, 2020.

'Er cof am April Wiggins', *Barddas* 338, rhifyn yr Haf, 2018.

'Er cof am Arthur Gwynn', *Barddas* 352, rhifyn y Gaeaf, 2022.

'Er cof am Dewi Pws, y crwt o Dreboeth', *Barddas* 363, rhifyn yr Hydref, 2024.

'Er cof am Mari Luned', *Barddas* 349, rhifyn y Gwanwyn, 2021.

'Er cof am y ddau annwyl', *Barddas* 350, rhifyn yr Haf, 2021.

'Galar', *Barddas* 338, rhifyn yr Haf, 2018.

'Glan-rhyd', *Golwg*, cyfrol 34, rhifyn 8, 2022.

'Gofid 2020', *Barddas* 345, rhifyn y Gwanwyn, 2020.

'Gorwelion', *Cyfansoddiadau a Beirniadaethau Eisteddfod Genedlaethol Cymru, Sir Conwy*, 2019.

'Grav, ceidwad y cledd', *Barddas* 351, rhifyn yr Hydref, 2021.

'Gwilym Tudur yn 80', *Barddas Bach y Dolig*, 2020.

'I gyfarch Mam', *Barddas* 349, rhifyn y Gwanwyn, 2021.

'I Meilyr Llwyd yn 40 oed', *Barddas* 330, rhifyn y Gwanwyn, 2016.

'I Ynyr Williams ar ei ymddeoliad', *Barddas* 349, rhifyn y Gwanwyn, 2021.

'Mae môr rhy hyglyw yng Nghwm yr Eglwys', *Barddas* 350, rhifyn yr Haf, 2021.

'Mae'r ddraig yma o hyd', *Barddas* 356, rhifyn y Gaeaf, 2023.

'Mamau'r Nadolig', *Llyfr Bach Nadolig*, gol. Elinor Wyn Reynolds (Cyhoeddiadau Barddas, 2020).

'Mor hoff ydym o'r ffoadur', *Barddas* 341, rhifyn y Gwanwyn, 2019.

'Paham mae dicter ...?', *Barddas* 332, rhifyn y Gaeaf, 2017.

'Pen blwydd Aled, y brawd bach', *Barddas* 347, rhifyn yr Hydref, 2020.

'Pen blwydd Megan Ilir yn 80', *Barddas* 351, rhifyn yr Hydref, 2022

'Pen blwydd y brawd canol, John Gwilym', *Barddas* 333, rhifyn y Gwanwyn, 2017.

'Siôn Eirian', *Barddas* 353, rhifyn y Gwanwyn, 2022.

'Tro ar fyd', *Barddas* 336, rhifyn y Gaeaf, 2018.

'Waldo, y bardd-arddwr', *Barddas* 350, rhifyn yr Haf, 2021.

'Y Brit, y Brexit a'r Brawl', *Barddas* 350, rhifyn yr Haf, 2021.

'Y golau arall', *Barddas* 342, rhifyn yr Haf, 2019.

'Y wawr', *Barddas* 352, rhifyn y Gaeaf, 2022.

'Ymgeledd gweddi', *Barddas* 347, rhifyn yr Hydref, 2020.

'Ymorchestion y Donald', *Barddas* 336, rhifyn y Gaeaf, 2018.

'Yn angladd Sbardun', *Barddas* 326, rhifyn y Gwanwyn, 2015.

'Yr amod', *Barddas* 333, rhifyn y Gwanwyn, 2017.

'Yr Ynys Wen', *Barddas* 351, rhifyn yr Hydref, 2021.

Cyhoeddiadau
barddas